현대인의 하이델베르크 요리문답

현대인의 하이델베르크 요리문답

현대인을 위한 쉬운 번역과 해설

초판 1쇄 인쇄 2025년 3월 15일
초판 1쇄 발행 2025년 3월 20일

지은이 | 김태희
펴낸이 | 이은수

펴낸곳 | 도서출판 향기
등 록 | 제325-2020-000007호
주 소 | 부산광역시 중구 대청로 69-12
전 화 | 051-256-4788
팩 스 | 051-256-4688
이메일 | onearoma@hanmail.net

디자인 | 참디자인

ISBN 979-11-973080-0-0 (03230)

* 이 책은 신저작권법에 의하여 국내에서 보호를 받는 저작물입니다.
출판사의 협의 없는 무단 전재와 무단 복제를 엄격히 금합니다.
* 책값은 뒷표지에 있습니다.
* 잘못된 책은 교환하여 드립니다.

Heidelberger
Katechismus

향기 교육 시리즈 2

현대인을 위한 운과 설
대인위쉬역과
현번해

— 김태희

현대인의
하이델베르크
요리문답

향기
도서출판

신진수 목사_ 창원한빛교회 담임목사

비전교회 김태희 목사님의 '현대인의 하이델베르크 요리문답'은 한국 교회에 가뭄의 단비와 같은 책입니다. 목회를 하면서 열심히 신앙생활을 하지만 믿음의 뿌리가 견고하지 못한 성도들을 종종 보아 왔습니다. 그 해결책이 교리 교육이라는 사실을 알고 있었지만, 어떻게 효과적으로 가르쳐야 할지 막막했습니다. 그러나 김태희 목사님의 이 책을 읽는 순간, 이 책이면 가능하겠다는 확신이 들었습니다. 이 책은 쉽고 간결하여 전 세대가 함께 배우기에 적합합니다. 목회자가 성도들을 가르치는 데 매우 유익할 뿐만 아니라, 부모가 자녀들에게 신앙을 전수하는 데도 큰 도움을 줄 것입니다. 이 책을 사용하는 교회와 가정에 하나님의 은혜가 충만히 임하리라 확신하며, 기쁨으로 현대인의 하이델베르크 요리문답을 추천합니다.

하이델베르크

일반적으로 중세를 교회가 가장 타락했던 시대라고 말합니다. 하지만 당시의 타락은 엄밀히 말해 교회의 타락이 아니라 '교리'의 타락이었습니다. 교리란 성경을 해석하는 신앙표준입니다. 대표적으로 '삼위일체'를 들 수 있습니다. 삼위일체라는 말이 성경에 명시되어 있지 않지만, 바른 교회는 삼위일체 교리로 성경을 해석합니다. 즉, 성경 해석의 바른 표준이 되도록, 성경의 가르침을 명문화한 것이 교리입니다.

중세에도 성도들은 순수한 열정으로 교회가 가르치는 교리를 믿고 따랐습니다. 문제는 거기에 있었습니다. 순수한 열정으로 믿고 따랐던 교리, 바로 그 교리가 타락했던 것이 문제였습니다. 성직자들은 성경적이지 않은 교리를 가르치고, 성도들은 오류투성이의 교리를 맹신하면서, 점점 교회는 본질을 잃어갔습니다.

중세 성직자들이 이방 경전으로 성도들을 가르쳤던 것이 아닙니다. 그들은 모두 성경으로 성도들을 가르쳤습니다. 하지만 성경을 해석하는 신앙표준, 즉 교리에 문제가 있었기에, 교회가 타락했던 것입니다.

그리하여 하나님께서는 신앙의 선각자들을 통해 바른 교리서가 발간되게 하셨습니다. 그런 측면에서 종교개혁의 역사는 교리개혁의 역사라고도 할 수 있습니다. 이러한

요리문답이란?

역사 속에서 교회에 선한 영향을 미친 교리서 중 하나가 〈하이델베르크 요리문답〉입니다. 하이델베르크 요리문답이란 이름은, 이 교리서가 작성된 도시의 이름에서 온 것입니다.

종교개혁 당시 하이델베르크 지방을 다스렸던 프리드리히 3세는 자신의 영지 안에 있는 백성들을 로마 교회의 오류로부터 갱신시키기 원했습니다. 마침 하이델베르크에는 탁월한 개신교 신학자 자카리아스 우르시누스와 카스파르 올레비아누스가 있었습니다. 프리드리히 3세는 이들을 통해 1563년에 총 129개의 문답으로 구성된 교리문답서를 발간했습니다.

하이델베르크 요리문답이 52주로 편집된 이유는, 매주 설교할 경우 일 년 동안 전체를 다룰 수 있기 때문입니다. 지금도 많은 개혁교회에서 주일 오후에 하이델베르크 요리문답을 설교합니다.

출간되자마자 전 유럽 교회에 영향을 미치며 종교개혁의 역사를 다시 쓴 하이델베르크 요리문답은, 오랜 시간이 지난 지금까지도 개혁교회의 신앙표준으로 자리매김하며, 선한 영향을 미치고 있습니다.

하이델베르크

서론 신자의 유일한 위로	1주 (1-2문)	하이델베르크 요리문답이 작성될 당시, '위로'라는 주제는 교회에서 쉽게 들을 수 있는 말이 아니었습니다. 타락한 중세교회는 생의 마지막에 가서 죄의 경중을 따진 다음에야, 비로소 구원이 결정된다고 가르쳤습니다. 그 결과 구원의 불확실성에 근거한 두려움이 성도들을 지배했습니다. 성도들은 참된 위로가 주는 유익을 누리지 못했습니다. 하지만 하이델베르크 요리문답은 서론에서부터 복음 안에 참된 위로가 있음을 크게 외칩니다. '참된 위로'는 하이델베르크 요리문답 전체에 자리 잡은 핵심 주제이기도 합니다.
제1부 죄와 비참	2-4주 (3-11문)	한 번도 배고픔을 겪지 않은 사람은, '밥'의 소중함을 모를 것입니다. 마찬가지로 한 번도 자신의 비참함을 생각하지 않은 사람은, 하나님의 위로를 소중하게 생각하지 않을 것입니다. 그래서 하이델베르크 요리문답은 인간이 처한 비참한 상황을 냉철하게 분석하여, 하나님이 주시는 참된 위로의 소중함을 일깨워줍니다.

요리문답의 구조

제2부
구원

5-31주
(12-85문)

하이델베르크 요리문답의 구조는 논리적이면서 동시에 감성적입니다. 정상적인 성도라면 '죄와 비참'을 설명하는 부분에서 자신의 끔찍한 처지에 두려움을 느낄 것입니다. 그래서 하이델베르크 요리문답은 사도신경으로 복음을 설명하면서, 우리의 두려움을 감사로 변화시킵니다.

제3부
감사

32-52주
(86-129문)

사도신경을 통해 하나님의 은혜를 설명한 하이델베르크 요리문답은, 이제 십계명과 주기도문을 통해 은혜에 감사하는 길을 보여줍니다. 중세교회는 십계명을 구원의 도구로 설명했지만, 하이델베르크 요리문답은 감사의 도구로 십계명을 설명합니다. 이로써 신자의 유일한 위로는 율법을 완수함에 있는 것이 아니라, 그리스도에게 있음을 천명하며, 성경을 가장 잘 요약한 위대한 요리문답서가 마무리됩니다.

목차

추천사 · 5
하이델베르크 요리문답이란? · 6
하이델베르크 요리문답의 구조 · 8

제1주 1-2문 · 유일한 위로 · 14
제2주 3-5문 · 죄와 비참을 아는 방법 · 18
제3주 6-8문 · 본성의 부패 · 22
제4주 9-11문 · 형벌의 정당성 · 26
제5주 12-15문 · 우리의 중보자 · 30
제6주 16-19문 · 중보자의 자격 · 34
제7주 20-22문 · 구원 얻는 참된 믿음 · 38
제8주 23-25문 · 참된 믿음의 요약 사도신경 · 42
제9주 26문 · 성부 하나님에 대하여 · 46
제10주 27-28문 · 하나님의 섭리 · 50
제11주 29-30문 · 우리 주 예수 · 54
제12주 31-32문 · 그리스도 · 58
제13주 33-34문 · 하나님의 독생자 우리 주님 · 62
제14주 35-36문 · 동정녀 탄생 · 66
제15주 37-39문 · 예수님의 고난 · 70
제16주 40-44문 · 그리스도의 죽음과 장사 · 74
제17주 45문 · 예수님의 부활 · 78
제18주 46-49문 · 예수님의 승천 · 82
제19주 50-52문 · 하나님 우편에 계신 예수님 · 86
제20주 53문 · 성령을 믿사오며 · 90
제21주 54-56문 · 공교회와 성도의 교제 · 92
제22주 57-58문 · 부활과 영생 · 96
제23주 59-61문 · 오직 믿음 · 100

제24주 62-64문 · 선행과 상급 · 104

제25주 65-68문 · 말씀과 성례 · 108

제26주 69-71문 · 거룩한 세례 · 112

제27주 72-74문 · 물세례와 유아세례 · 116

제28주 75-77문 · 성찬의 의미 · 120

제29주 78-79문 · 성찬의 본질 · 124

제30주 80-82문 · 성찬의 올바른 이해와 참여 · 128

제31주 83-85문 · 천국의 열쇠 · 132

제32주 86-87문 · 선행에 관하여 · 136

제33주 88-91문 · 참된 회개 · 140

제34주 92-95문 · 하나님이 제1계명에서 원하시는 것 · 144

제35주 96-98문 · 하나님이 제2계명에서 원하시는 것 · 148

제36주 99-100문 · 하나님이 제3계명에서 원하시는 것 · 152

제37주 101-102문 · 거룩한 맹세 · 156

제38주 103문 · 하나님이 제4계명에서 원하시는 것 · 160

제39주 104문 · 하나님이 제5계명에서 원하시는 것 · 164

제40주 105-107문 · 하나님이 제6계명에서 원하시는 것 · 166

제41주 108-109문 · 하나님이 제7계명에서 원하시는 것 · 170

제42주 110-111문 · 하나님이 제8계명에서 원하시는 것 · 174

제43주 112문 · 하나님이 제9계명에서 원하시는 것 · 178

제44주 113-115문 · 하나님이 제10계명에서 원하시는 것 · 182

제45주 116-119문 · 기도의 필요성과 주기도문 · 186

제46주 120-121문 · 하늘에 계신 우리 아버지 · 190

제47주 122문 · 첫째 간구 · 194

제48주 123문 · 둘째 간구 · 196

제49주 124문 · 셋째 간구 · 200

제50주 125문 · 넷째 간구 · 204

제51주 126문 · 다섯째 간구 · 208

제52주 127-129문 · 여섯째 간구와 주기도문의 결론 · 210

정리하기 답안 · 215

현대인의
하이델베르크 요리문답

Heidelberger
Katechismus

제 01 주 유일한 위로

제1문 살아서나 죽어서나 우리의 유일한 위로는 무엇입니까?

답 그것은 나의 몸과 영혼이,
이 땅에서 사는 동안에도 그리고 죽을 때에도
내가 소유하고 있는 나의 것이 아니라
나의 신실하신 예수 그리스도께서 소유한 주님의 것이라는 사실입니다
(롬14:8).
그리스도께서는 자신의 고귀한 피를 흘려 나의 모든 죗값을 완전히 치르고,
사단의 모든 권세에서 나를 구하여 주셨습니다.
그리고 하늘에 계신 나의 아버지의 뜻이 아니라면
단 하나의 머리카락이라도 땅에 떨어지지 않도록 나를 지켜 주십니다.
진실로 내게 있는 모든 일들은 다 나를 구원하기 위하여 일어나는 일입니다
(마10:29-31).
또한 그리스도께서는 성령의 능력으로 영생의 확신을 주시고,
이제부터는 마음을 다하여 즐거이 그리고 신속히
주를 위해 살게 하십니다(겔36:26-27, 요일3:3).

제 2 문 이 위로가 주는 기쁨을 누리며 행복한 삶을 살다가
행복한 죽음을 맞이하기 위하여
우리가 알아야 하는 사실에는 어떠한 것들이 있습니까?

답 세 가지 사실을 알아야 합니다.
첫째, 나의 죄들이 얼마나 크며,
그 죄들로 인하여 내가 얼마나 비참한 상태에 있는지를 알아야 합니다.
둘째, 나의 모든 죄와 비참한 상태에서
어떻게 구원을 받는지를 알아야 합니다.
셋째, 그러한 구원을 주신 하나님께
어떻게 감사를 드릴 수 있는지를 알아야 합니다.

롬14:8   우리가 살아도 주를 위하여 살고 죽어도 주를 위하여 죽나니 그러므로 사나 죽으나 우리가 주의 것이로다

마10:29-31   참새 두 마리가 한 앗사리온에 팔리지 않느냐 그러나 너희 아버지께서 허락하지 아니하시면 그 하나도 땅에 떨어지지 아니하리라 너희에게는 머리털까지 다 세신 바 되었나니 두려워하지 말라 너희는 많은 참새보다 귀하니라

겔36:26-27   또 새 영을 너희 속에 두고 새 마음을 너희에게 주되 너희 육신에서 굳은 마음을 제거하고 부드러운 마음을 줄 것이며 또 내 영을 너희 속에 두어 너희로 내 율례를 행하게 하리니 너희가 내 규례를 지켜 행할지라

요일3:3   주를 향하여 이 소망을 가진 자마다 그의 깨끗하심과 같이 자기를 깨끗하게 하느니라요일3:3 주를 향하여 이 소망을 가진 자마다 그의 깨끗하심과 같이 자기를 깨끗하게 하느니

제1문 해설

왜 우리에게 위로가 필요할까요? 이 세상에 죄가 들어왔기 때문입니다. 죄로 인해 비참한 삶을 살게 되었기 때문입니다. 걱정, 두려움, 후회 등등. 우리를 괴롭게 하는 감정들은 모두 죄의 결과입니다. 죄의 결과 중 가장 심각한 것은 심판입니다. 몸과 영혼 모두에 가해지는 심판입니다. 그래서 우리에게는 위로가 필요합니다.

모두가 위로를 원합니다. 위로를 얻기 위해 수단과 방법을 가리지 않습니다. 하지만 참된 위로를 누리는 사람들은 많지 않습니다. 잘못된 방법을 사용했기 때문입니다. 부와 명예와 권력이 대표적입니다. 사람들은 부와 명예와 권력에서 위로를 얻으려 합니다. 하지만 그런 것들은 죄를 해결할 수 없고, 죄의 결과에서 우리를 구원할 수도 없습니다.

그렇다면 우리에게 참된 위로를 주는 것은 무엇일까요? 우리의 몸과 영혼이 예수님의 소유가 되는 것입니다. 그리하여 내가 나를 구원하는 인생이 아니라, 예수님이 나를 구원해 주시는 인생이 되는 것입니다. 내가 나를 책임지는 인생이 아니라, 예수님이 나를 책임지는 인생이 되는 것입니다. 그때 우리는 모든 무거운 짐을 내려놓고 위로를 얻을 수 있습니다. 특히 죄의 짐에서 해방될 수 있습니다.

우리가 예수님을 믿으면, 예수님은 우리의 주인이 되어 주십니다. 우리가 예수님의 백성이 되면, 예수님은 우리를 돌보시고 보호해 주십니다. 이것이야말로 참된 위로입니다.

물론 예수님이 우리의 주인이 되신다고 해서, 우리가 모든 문제에서 벗어나는 것은 아닙니다. 예수님이 우리의 주인이 되신 이후에도, 우리는 여전히 어려움을 겪습니다. 하지만 문제가 주는 고통보다 예수님이 주시는 위로가 더 큽니다. 그래서 우리는 고난 속에서도 기뻐할 수 있고, 고통 속에서도 감사할 수 있습니다.

우리가 가장 자주 하는 염려는 생존에 관한 것입니다. 무엇을 먹으며, 무엇을 입으며, 무엇을 마실 것인가에 관한 염려입니다. 예수님이 우리의 주인이 되신 이후로는 그러한 것을 염려할 필요가 없습니다. 성부 하나님의 뜻이 아니라면, 머리털 하나도 땅에 떨어지지 않도록 예수님이 우리를 보호하시기 때문입니다(마10:29-31).

구원에 관한 염려도 우리를 고통스럽게 합니다. 구원의 확신이 없는 사람은 불안한 삶을 살 수밖에 없습니다. 그래서 예수님은 우리에게 성령을 보내주셨습니다. 우리 안에 내주하시는 성령으로 인해 우리는 영생을 확신하고 살아갑니다.

이러한 것들이 참된 위로입니다. 예수님이 우리의 주인이라는 것, 성부 하나님이 우리를 보호하신다는 것, 성령 하나님이 우리 안에 내주하신다는 것. 우리는 여기서 고통보다 큰 위로를 얻습니다.

제2문 해설

첫 번째 질문이 참된 위로를 가르치는 것이라면, 두 번째 질문은 참된 위로를 누리는 방법에 관한 것입니다. 참된 위로를 누리기 위해서는 반드시 세 가지를 알아야 합니다. 이 세 가지는 로마서를 요약한 것이고, 나아가 성경을 요약한 것입니다.

참된 위로를 누리기 위해서는 첫째, 우리의 죄를 알아야 합니다. 둘째, 죄에서 구원 얻는 방법을 알아야 합니다. 셋째, 우리를 구원하신 하나님께 감사하는 방법을 알아야 합니다. 이제부터 이 세 가지를 하나씩 살펴보겠습니다.

1. 왜 우리에게 위로가 필요합니까?
2. 위로를 얻기 위해 사용하는 잘못된 방법에는 주로 어떤것들이 있습니까?
3. 그러한 것들은 왜 우리에게 참된 위로를 주지 못합니까?
4. 우리는 언제 무거운 짐을 내려놓고 위로를 얻을 수 있습니까?
5. 참된 위로를 누리기 위해서는 무엇을 알아야 합니까?

제 02 주

죄와 비참을 아는 방법

제 3 문   당신의 죄와 비참을 어떻게 알 수 있습니까?

답   하나님의 율법을 통해 나의 죄와 비참을 알 수 있습니다(롬3:20).

제 4 문   하나님의 율법이 우리에게 가르치는 것은 무엇입니까?

답   예수님은 마태복음 22장에서 이렇게 요약하여 가르치셨습니다.
"네 마음을 다하고 목숨을 다하고 뜻을 다하여 주 너의 하나님을 사랑하라 하셨으니 이것이 크고 첫째 되는 계명이요, 둘째는 그와 같으니 네 이웃을 네 몸과 같이 사랑하라 하셨으니, 이 두 계명이 온 율법과 선지자의 강령이니라"(마22:37-40)

제 5 문 우리는 이 모든 것을 온전히 지킬 수 있습니까?

답 아닙니다.

우리에게는 본성적으로 하나님과 이웃을 미워하는 성향이 있습니다

(롬8:7, 딛3:3).

롬3:20	그러므로 율법의 행위로 그의 앞에 의롭다 하심을 얻을 육체가 없나니 율법으로는 죄를 깨달음이니라
마22:37-40	예수께서 이르시되 네 마음을 다하고 목숨을 다하고 뜻을 다하여 주 너의 하나님을 사랑하라 하셨으니 이것이 크고 첫째 되는 계명이요 둘째도 그와 같으니 네 이웃을 네 자신 같이 사랑하라 하셨으니 이 두 계명이 온 율법과 선지자의 강령이니라
롬8:7	육신의 생각은 하나님과 원수가 되나니 이는 하나님의 법에 굴복하지 아니할 뿐 아니라 할 수도 없음이라
딛3:3	우리도 전에는 어리석은 자요 순종하지 아니한 자요 속은 자요 여러 가지 정욕과 행락에 종 노릇 한 자요 악독과 투기를 일삼은 자요 가증스러운 자요 피차 미워한 자였으나

제3문 해설

　사람들은 자신을 죄인으로 생각하지 않습니다. 잘못된 기준을 가지고 있기 때문입니다. 대표적인 것으로 '자기 생각'을 들 수 있습니다. 사람들은 '자기 생각'으로 자신을 판단합니다. 그 결과 자신을 죄인이 아니라 의인으로 여깁니다.
　하지만 인간은 자신을 판단하는 기준을 스스로 가질 수 없습니다. 인간은 피조물에 불과하기 때문입니다. 피조물인 인간을 판단하는 기준은, 창조주이신 하나님께만 있습니다. 그리고 하나님께서 인간을 판단하시는 기준은 율법입니다.

제4문 해설

　의인과 죄인을 나누는 기준은 율법입니다. 그렇다면 율법이 요구하는 것은 무엇일까요? 사랑입니다. 하나님과 이웃을 사랑하는 것입니다(마22:37-40). 그런데 하나님께서 요구하시는 사랑은 평범한 사랑이 아닙니다. 하나님께서 요구하시는 사랑은 다음과 같습니다. 첫째, 하나님을 사랑하되 목숨을 다해 사랑해야 합니다(마22:37). 둘째, 이웃을 사랑하되 자기 자신처럼 사랑해야 합니다(마22:39).

제5문 해설

하나님의 기준은 율법이고, 율법의 요구는 하나님과 이웃을 사랑하는 것입니다. 목숨을 다해 하나님을 사랑하고, 자기 자신처럼 이웃을 사랑하는 것입니다. 그런데 아무도 율법대로 사랑하지 않습니다. 목숨을 다해서 하나님을 사랑하지 않고, 자기 자신처럼 이웃을 사랑하지 않습니다. 오히려 하나님을 원수처럼 대하고(롬8:7), 이웃을 미워합니다(딛3:3). 그래서 하나님의 기준인 율법에 따르면 모든 사람은 죄인입니다(롬3:20).

정리하기

1. 왜 사람들은 자신을 죄인으로 생각하지 않습니까?
2. 대표적인 잘못된 기준은 무엇입니까?
3. 의인과 죄인을 나누는 기준은 무엇입니까?
4. 율법의 핵심은 무엇입니까?
5. 율법은 하나님과 이웃을 어떻게 사랑할 것을 요구합니까?
6. 율법은 모든 사람이 어떤 존재라고 말합니까?

제 03 주 본성의 부패

제 6 문 그렇다면 하나님께서 인간을 악하게 창조하셨습니까?

답 아니다.
하나님은 사람을 선한 상태로(창1:31)
자신의 형상을 따라(창1:26)
참된 의와 거룩함으로 창조하셨습니다(엡4:24, 골3:10).
그래서 사람은 하나님을 바르게 알 수 있었고,
하나님을 마음을 다해 사랑할 수 있었으며,
영원한 행복 가운데서 하나님께 함께 살 수 있었습니다.
그리하여 하나님께 찬양과 영광을 돌릴 수 있었습니다.

제 7 문 그렇다면 타락한 본성은 어디에서 왔습니까?

답 우리의 시조인 아담과 하와가 낙원에서 타락하고 불순종한 데서 왔습니다(창3:1-24).
그때 사람의 본성이 심히 부패하여
우리는 모두 죄악 중에 잉태되고 출생합니다(창5:3, 시51:5).

제 8 문   그렇다면 우리는 선은 조금도 행할 수 없으며
온갖 악만 행하는 성향을 지니고 있습니까?

답   그렇습니다(사53:6).
우리가 하나님의 성령으로 새롭게 태어나지 않는다면,
참으로 그렇습니다(요3:3, 엡4:24).

창1:31	하나님이 지으신 그 모든 것을 보시니 보시기에 심히 좋았더라
창1:26	하나님이 이르시되 우리의 형상을 따라 우리의 모양대로 우리가 사람을 만들고
엡4:24	하나님을 따라 의와 진리의 거룩함으로 지으심을 받은 새 사람을 입으라
골3:10	새 사람을 입었으니 이는 자기를 창조하신 이의 형상을 따라 지식에까지 새롭게 하심을 입은 자니라
창5:3	아담은 백삼십 세에 자기의 모양 곧 자기의 형상과 같은 아들을 낳아 이름을 셋이라 하였고
시51:5	내가 죄악 중에서 출생하였음이여 어머니가 죄 중에서 나를 잉태하였나이다
사53:6	우리는 다 양 같아서 그릇 행하여 각기 제 길로 갔거늘
요3:3	예수께서 대답하여 이르시되 진실로 진실로 네게 이르노니 사람이 거듭나지 아니하면 하나님의 나라를 볼 수 없느니라
엡4:24	하나님을 따라 의와 진리의 거룩함으로 지으심을 받은 새 사람을 입으라

제6문 해설

　어리석은 사람들은 죄의 원인을 하나님에게서 찾습니다. 하나님께서 사람을 부족한 존재로 창조했기 때문이라고 생각합니다. 하지만 하나님은 사람을 부족한 존재로 창조하지 않았습니다. 하나님은 사람을 하나님의 형상으로 창조하셨습니다. 사람이 하나님의 형상으로 창조되었다는 것은 크게 세 가지를 의미합니다.

　첫째, 지식입니다. 사람은 지식이 있는 존재여서 하나님을 바르게 알 수 있었습니다(골3:10). 둘째, 의로움입니다(엡4:24). 사람은 의로운 존재여서 하나님을 마음을 다해 사랑할 수 있었습니다. 셋째 거룩함입니다(엡4:24). 사람은 거룩한 존재여서 영원한 행복 가운데서 하나님과 함께 살 수 있었습니다. 종합하면 사람은 하나님의 형상으로 창조되었기 때문에, 하나님께 찬양과 영광을 돌릴 수 있었습니다.

제7문 해설

　하나님께서 사람을 선하게 창조하셨다면, 사람의 부패한 본성은 어디서 왔을까요? 우리의 시조인 아담에게서 왔습니다. 하나님은 아담에게 선악과를 먹지 말라고 명령하셨습니다. 하지만 아담은 하나님의 명령을 어기는 죄를 지었습니다. 그때 아담은 하나님의 형상을 잃어버렸습니다. 대신 부패한 본성을 가지게 되었습니다. 아담의 부패한 본성은 예외 없이 후손들에게 유전되었습니다(창5:3). 그 결과 모든 사람은 죄 가운데 잉태되고, 죄인으로 출생하게 되었습니다(시51:5).

　아담으로부터 물려받은 부패한 본성을 원죄라고 합니다. 원죄는 사탄에게 굴복하게 하고, 하나님께 저항하게 합니다. 그래서 사람은 사는 내내 죄를 짓습니다. 원죄에서 나오는 실제적인 죄를 자범죄라고 합니다.

제8문 해설

모든 인간은 아담으로부터 부패한 본성을 물려받았습니다. 부패한 본성으로는 선을 행할 수 없고, 악에 저항할 수 없습니다. 따라서 사람이 선을 행하려면 부패한 본성이 변화되어야 합니다. 부패한 본성이 그대로 남아 있는 한, 사람은 선을 행할 수 없고, 자신을 구원할 수도 없습니다.

어떤 사람은 반론을 제기합니다. 모든 사람이 악만 행하는 것은 아니고, 때때로 선을 행하기도 한다는 것입니다. 이것은 선과 악의 기준을 모르기 때문에 생기는 오해입니다. 선과 악의 기준은 하나님의 말씀과 하나님의 영광입니다. 하나님의 말씀대로, 하나님의 영광을 위해서 행한 것만 참된 선입니다. 그 외의 것들은 사람에게는 선해 보여도, 하나님에게는 악에 불과합니다.

사람들은 교육과 훈련을 통해 부패한 본성을 변화시키려 합니다. 하지만 사람의 힘으로는 부패한 본성을 변화시킬 수 없습니다. 부패한 본성을 변화시킬 수 있는 것은 성령의 능력으로 다시 태어나는 것입니다. 성령의 능력으로 새로운 사람이 되는 것만이 부패한 본성을 변화시키는 유일한 방법입니다.

1. 사람이 하나님의 형상이라는 것은 무엇을 의미합니까?
2. 하나님이 사람을 선하게 창조하셨다면, 사람의 부패한 본성은 어디에서 왔습니까?
3. 선과 악의 기준은 무엇입니까?
4. 부패한 본성을 변화시키는 유일한 방법은 무엇입니까?

제84주 형벌의 정당성

제9문 하나님께서 사람이 행할 수 없는 것을 율법을 통해 요구하신다면 이것은 부당한 일이 아닙니까?

답 아닙니다.
하나님은 율법을 행할 수 있는 존재로 사람을 창조하셨습니다.
그런데 아담이 마귀의 유혹을 받아 고의로 불순종하여(창3:6),
그와 같은 하나님의 선물들을 자신뿐만 아니라
후손들도 모두 잃게 된 것입니다(롬5:12).

제10문 하나님께서 그러한 불순종과 반역을 벌하지 않고 그대로 허용하실 수 있습니까?

답 결코 그렇지 않습니다.
하나님은 원죄와 자범죄 모두에 대해 심히 진노하셔서,
그 죄들을 이 세상에서 그리고 영원히 의로운 심판으로 형벌하실 것입니다
(나1:2).

제11문 그러나 하나님은 또한 자비하신 분이 아닙니까?

답 하나님은 참으로 자비하신 분입니다.
그러나 동시에 공의로운 분입니다(출23:7).
하나님의 공의는 지극히 존엄하신 하나님께 반역을 행한 죄에 대하여
최고의 형벌, 곧 몸과 영혼에 영원한 형벌을 내릴 것을 요구합니다.

창3:6	여자가 그 나무를 본즉 먹음직도 하고 보암직도 하고 지혜롭게 할 만큼 탐스럽기도 한 나무인지라 여자가 그 열매를 따먹고 자기와 함께 있는 남편에게도 주매 그도 먹은지라
롬5:12	그러므로 한 사람으로 말미암아 죄가 세상에 들어오고 죄로 말미암아 사망이 들어왔나니 이와 같이 모든 사람이 죄를 지었으므로 사망이 모든 사람에게 이르렀느니라
나1:2	여호와는 질투하시며 보복하시는 하나님이시니라 여호와는 보복하시며 진노하시되 자기를 거스르는 자에게 여호와는 보복하시며 자기를 대적하는 자에게 진노를 품으시며
출23:7	거짓 일을 멀리 하며 무죄한 자와 의로운 자를 죽이지 말라 나는 악인을 의롭다 하지 아니하겠노라

제9문 해설

사람이 무능한 책임은 하나님께 있지 않고, 사람에게 있습니다. 하나님은 사람이 율법을 행할 수 있도록 창조하셨기 때문입니다. 율법을 행하기에 무능한 책임은 전적으로 사람에게 있습니다. 사람이 율법을 행하기에 무능할지라도, 하나님은 사람에게 율법을 행할 것을 요구하십니다. 그 이유는 율법에 다음과 같은 기능이 있기 때문입니다.

첫째, 책망의 기능입니다(롬3:20). 율법은 우리가 죄인임을 알게 하여, 죄 용서를 위해 그리스도에게 나아가도록 합니다. 둘째, 평화의 기능입니다. 율법은 양심과 제도의 토대가 되어, 공공의 질서를 유지하고 평화로운 사회를 유지하는 데 도움을 줍니다(딤전1:9-10). 셋째, 성화의 기능입니다. 율법은 구원받은 신자들이 어떻게 살아야 하는지를 알려주어, 신자들이 거룩한 삶을 살아가게 합니다(시119:105).

제10문 해설

하나님은 죄를 심히 미워하셔서, 반드시 죄를 심판하십니다. 사람들의 삶이 고통으로 가득한 것은, 하나님께서 사람들을 심판하시기 때문입니다. 죄인들은 하나님의 심판을 피할 수 없기에, 항상 몸과 마음의 고통을 겪습니다. 하나님의 심판은 다음 세상에도 이어집니다. 주목할 것은 다음 세상의 심판은 영원하다는 점입니다. 죄인들은 지옥에서 영원한 형벌을 당하게 될 것입니다.

제11문 해설

어리석은 자들은 자비로운 하나님께서 죄인을 심판하는 것을 믿을 수 없다고 말합니다. 이것은 하나님의 속성을 알지 못한 데서 비롯된 오해입니다. 하나님은 자비로운 동시에 정의로운 분입니다. 하나님은 자비를 위해 정의를 포기하지 않으십니다.

하나님의 정의는 죄인들에게 영원한 형벌을 요구합니다. 모든 죄는 하나님에 대한 반역이기 때문입니다. 가장 크신 하나님께 죄를 지었기 때문에, 가장 큰 형벌을 받아야 마땅합니다.

하나님의 정의는 십자가에서 가장 잘 나타납니다. 하나님은 정의로우시기에 형벌 없이 죄인을 용서하실 수 없습니다. 그래서 하나님은 우리 대신 독생자를 벌하셨습니다. 따라서 우리의 구원은 값싼 구원이 아닙니다. 예수님이 자기 피로 사신 값비싼 구원입니다.

정리하기

1. 율법이 가지고 있는 책망의 기능은 무엇입니까?
2. 율법이 가지고 있는 평화의 기능은 무엇입니까?
3. 율법이 가지고 있는 성화의 기능은 무엇입니까?
4. 왜 하나님은 죄인들에게 영원한 형벌을 내리십니까?
5. 하나님의 정의를 가장 잘 보여주는 것은 무엇입니까?

우리의 중보자

제12문 우리는 하나님의 정의로운 재판에 의해서
지금 이 세상에서 그리고 영원히 형벌을 받아 마땅한데,
어떻게 이 형벌을 피하고 다시 하나님의 은혜를 입을 수 있겠습니까?

답 하나님은 정의로운 분이십니다.
그렇기에 우리 자신에 의해서든, 혹은 다른 사람에 의해서든,
우리의 죗값은 완전히 치러져야만 합니다(마5:26).

제13문 우리 스스로 하나님의 정의를 만족시킬 수 있습니까?

답 절대로 불가능합니다.
오히려 날마다 죄를 짓고, 죗값을 더욱 증가시킬 뿐입니다(롬2:4-5).

제14문 피조물 중에서 우리를 대신하여 하나님의 정의를 만족시킬 존재가 있습니까?

답 전혀 없습니다.
첫째, 하나님은 인간의 죗값 때문에 다른 피조물을 형벌하기를 원하지 않으십니다(겔18:4).
둘째, 어떤 피조물도 하나님의 진노를 견딜 수 없고(나1:6),
다른 피조물을 하나님의 진노에서 구원할 수도 없습니다(히10:4).

제15문 그렇다면 우리는 어떠한 중보자와 구원자를 찾아야 합니까?

답 첫째, 참 인간이어야 합니다.
둘째, 의로운 분이어야 합니다.
셋째, 모든 피조물보다 능력이 뛰어나신 참 하나님이어야 합니다

마5:26	진실로 네게 이르노니 네가 한 푼이라도 남김이 없이 다 갚기 전에는 결코 거기서 나오지 못하리라
롬2:4-5	혹 네가 하나님의 인자하심이 너를 인도하여 회개하게 하심을 알지 못하여 그의 인자하심과 용납하심과 길이 참으심이 풍성함을 멸시하느냐 다만 네 고집과 회개하지 아니한 마음을 따라 진노의 날 곧 하나님의 의로우신 심판이 나타나는 그 날에 임할 진노를 네게 쌓는도다
겔18:4	모든 영혼이 다 내게 속한지라 아버지의 영혼이 내게 속함 같이 그의 아들의 영혼도 내게 속하였나니 범죄하는 그 영혼은 죽으리라
나1:6	누가 능히 그의 분노 앞에 서며 누가 능히 그의 진노를 감당하랴 그의 진노가 불처럼 쏟아지니 그로 말미암아 바위들이 깨지는도다
히10:4	이는 황소와 염소의 피가 능히 죄를 없이 하지 못함이라

제12문 해설

사람이 하나님의 형벌을 피하기 위해서는, 하나님의 정의가 만족 되어야 합니다. 하나님의 정의는 심판에 의해서만 만족 될 수 있습니다. 우리가 심판을 받든지, 또는 다른 사람이 우리 대신 심판을 받아야만 하나님의 정의가 만족 될 수 있습니다.

제13문 해설

하나님의 정의를 만족시키는 방법은 두 가지입니다. 첫째, 율법을 모두 행하는 것입니다. 둘째, 심판을 받는 것입니다. 그런데 아무도 이 두 가지 방법으로 구원을 얻을 수 없습니다. 아무도 율법을 모두 행할 수 없고, 아무도 심판을 견딜 수 없습니다. 그렇다면 유일한 방법은 다른 사람이 우리 대신 하나님의 정의를 만족시키는 것입니다.

제14문 해설

평범한 사람은 우리 대신 하나님의 정의를 만족시킬 수 없습니다. 그 또한 죄인에 불과하기 때문입니다. 다른 피조물도 우리 대신 하나님의 정의를 만족시킬 수 없습니다. 하나님께 죄를 지은 당사자가 사람이기 때문에, 사람이 하나님의 형벌을 받아야 하기 때문입니다.

제15문 해설

따라서 우리 대신 하나님의 정의를 만족시킬 수 있는 존재, 즉 우리의 중보자는 '죄가 없는 사람'이어야 합니다. 동시에 하나님의 형벌을 모두 받아낼 수 있을 정도로 능력이 뛰어나야 합니다. 만약 하나님의 형벌을 일부만 받은 상태로 소멸된다면 우리의 죄가 완전히 해결되지 않기 때문입니다. 그래서 우리의 중보자는 하나님이어야 합니다. 모든 인간이 받을 형벌을 대신 받아낼 수 있을 만큼 능력 있는 존재는 하나님밖에 없습니다.

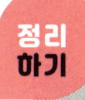

1. 사람이 하나님의 형벌을 피하기 위해서는 무엇이 만족되어야 합니까?
2. 하나님의 정의는 무엇에 의해 만족될 수 있습니까?
3. 평범한 사람은 왜 우리를 위해 하나님의 정의를 만족할 수 없습니까?
4. 다른 피조물은 왜 우리를 위해 하나님의 정의를 만족할 수 없습니까?

중보자의 자격

제16문 왜 중보자는 사람이어야 하며, 또한 완전히 의로운 분이어야 합니까?

답 하나님의 공의는 죄를 지은 인간이 죗값 치르기를 요구합니다(고전15:21).
그런데 죄인은 다른 사람을 위해 값을 치를 수 없기 때문입니다(시49:7-8).

제17문 왜 중보자는 참 하나님이어야 합니까?

답 신성의 능력으로 하나님의 진노를 완전히 받아내기 위함입니다(나1:6).

제18문 그러면 누가 참 하나님이시며 동시에 참 사람이고 의로우신 중보자입니까?

답 우리 주 예수 그리스도입니다.
그분은 "하나님으로부터 나와서
우리에게 지혜와 의로움과 거룩함과 구원"이 되신 분입니다(고전1:30).

제19문 당신은 이러한 진리를 어떻게 압니까?

답 거룩한 복음을 통해서 압니다.
하나님은 이 복음을 에덴동산에서 직접 계시하셨고(창3:15),
후에는 족장들과 선지자들을 통해 선포하셨으며(롬1:2),
율법으로 예표하셨고(히10:1),
마지막에는 자신의 독생자를 통해 완성하셨습니다(히1:1-2).

고전15:21 사망이 한 사람으로 말미암았으니 죽은 자의 부활도 한 사람으로 말미암는도다

시49:7-8 아무도 자기의 형제를 구원하지 못하며 그를 위한 속전을 하나님께 바치지도 못할 것은 그들의 생명을 속량하는 값이 너무 엄청나서 영원히 마련하지 못할 것임이니라

나1:6 누가 능히 그의 분노 앞에 서며 누가 능히 그의 진노를 감당하랴 그의 진노가 불처럼 쏟아지니 그로 말미암아 바위들이 깨지는도다

고전1:30 너희는 하나님으로부터 나서 그리스도 예수 안에 있고 예수는 하나님으로부터 나와서 우리에게 지혜와 의로움과 거룩함과 구원함이 되셨으니

창3:15 내가 너로 여자와 원수가 되게 하고 네 후손도 여자의 후손과 원수가 되게 하리니 여자의 후손은 네 머리를 상하게 할 것이요 너는 그의 발꿈치를 상하게 할 것이니라 하시고

롬1:2 이 복음은 하나님이 선지자들을 통하여 그의 아들에 관하여 성경에 미리 약속하신 것이라

히10:1 율법은 장차 올 좋은 일의 그림자일 뿐이요 참 형상이 아니므로 해마다 늘 드리는 같은 제사로는 나아오는 자들을 언제나 온전하게 할 수 없느니라

히1:1-2 옛적에 선지자들을 통하여 여러 부분과 여러 모양으로 우리 조상들에게 말씀하신 하나님이 이 모든 날 마지막에는 아들을 통하여 우리에게 말씀하셨으니

제16문 해설

양자 사이에서 화해를 이루는 존재를 '중보자'라고 합니다. 우리가 하나님과 화해하기 위해서는, 우리 대신 하나님의 심판을 받을 중보자가 필요합니다. 이때 우리의 중보자는 반드시 사람이어야 합니다. 하나님께 죄를 지은 당사자가 사람이기 때문입니다(고전15:21).

우리의 중보자는 사람일 뿐만 아니라 반드시 죄가 없어야 합니다. 죄인의 죽음에는 다른 사람을 구원하는 가치가 없기 때문입니다. 죄인이 우리 대신 죽을 때는 하나님의 공의가 전혀 만족 되지 않습니다. 구약의 희생 제물이 흠 없는 제물이어야 했던 것처럼, 우리의 중보자도 아무 흠이 없어야 합니다.

제17문 해설

우리의 중보자는 반드시 하나님이어야 합니다. 우리 대신 하나님의 심판을 받을 뿐만 아니라, 하나님의 심판을 모두 견뎌야 하기 때문입니다. 그런데 어떤 피조물도 하나님의 심판을 모두 견딜 수 없습니다(나1:6). 따라서 우리의 중보자는 모든 피조물보다 뛰어나신 하나님이어야 합니다.

제18문 해설

정리하면 우리의 중보자는 세 가지 조건을 갖추어야 합니다. 첫째 사람이어야 합니다. 둘째, 흠이 없어야 합니다. 셋째, 하나님이어야 합니다. 우리 주 예수 그리스도가 이 세 가지

조건을 모두 가지고 계십니다. 그분은 죄 없는 사람이시고, 동시에 하나님이십니다. 그래서 성경은 예수님에 대해 우리의 의로움이요, 거룩함이며, 구원이라고 말합니다(고전1:30).

제19문 해설

예수님이 우리의 중보자인 것을 어떻게 알 수 있을까요? 복음을 통해서 알 수 있습니다. 하나님은 복음을 점진적으로 계시하셔서, 예수님이 우리의 중보자인 것을 알려주셨습니다. 하나님은 가장 먼저 에덴동산에서 이것을 알려주셨습니다. 하나님은 범죄한 아담과 하와에게 장차 중보자가 여자의 후손으로 오실 것을 말씀하셨습니다.

그 후에는 족장들과 선지자들을 통해 복음을 더 구체적으로 말씀하셨습니다. 우리의 중보자가 아브라함의 후손으로, 유다 지파의 후손으로, 다윗의 후손으로 오실 것을 말씀하셨습니다.

하나님은 율법을 통해서도 복음을 말씀하셨습니다. 구약의 제사와 의식들은 오실 중보자를 미리 보여주는 그림자였습니다(히10:1).

1. 왜 우리의 중보자는 반드시 사람이어야 합니까?
2. 왜 우리의 중보자는 반드시 죄가 없어야 합니까?
3. 왜 우리의 중보자는 반드시 하나님이어야 합니까?
4. 하나님이 복음을 가장 먼저 알려주신 곳은 어디입니까?

구원 얻는 참된 믿음

제20문 아담 안에서 모든 사람이 멸망한 것처럼
그리스도를 통하여 모든 사람이 구원을 받습니까?

답 아닙니다(마22:14).
참된 믿음으로 그리스도에게 연합되어,
그리스도의 모든 은덕을 받아들이는 사람들만 구원을 받습니다
(막16:16).

제21문 참된 믿음이란 무엇입니까?

답 참된 믿음이란
하나님의 말씀을 진리로 여기는 확실한 지식이며(요17:3),
죄 사함과 영원한 구원이 오직 그리스도 때문에
값없는 은혜로 우리에게 주어진다는 것을 믿는 확고한 확신입니다
(롬10:10).

제22문 그러면 그리스도인은 무엇을 믿어야 합니까?

답 복음에 약속된 모든 것을 믿어야 합니다.
이 복음은 사도신경에 잘 요약되어 있습니다.

마22:14   청함을 받은 자는 많되 택함을 입은 자는 적으니라

막16:16   믿고 세례를 받는 사람은 구원을 얻을 것이요 믿지 않는 사람은 정죄를 받으리라

요17:3   영생은 곧 유일하신 참 하나님과 그가 보내신 자 예수 그리스도를 아는 것이니이다

롬10:10   사람이 마음으로 믿어 의에 이르고 입으로 시인하여 구원에 이르느니라

제20문 해설

만인 구원론을 주장하는 사람들이 있습니다. 만인 구원론이란 궁극적으로 모든 사람이 구원을 받는다는 주장입니다. 보편 구원론이라고도 합니다. 만인 구원론을 믿는 자들은 예수님의 죽음은 모든 사람을 위한 것이며, 지옥의 고통은 일시적일 뿐이라고 주장합니다.

하지만 성경은 모든 사람이 구원을 받는다고 말하지 않습니다(마22:14). 성경은 예수님을 믿는 사람들만 구원을 받고, 그렇지 않은 자들은 정죄를 받는다고 말합니다(막16:16). 성경은 예수님이 모든 사람을 위해서 죽었다고 말하지도 않습니다. 성경은 예수님이 자기 백성을 위해서 죽었다고 말합니다(요17:9).

만인 구원론자들이 근거로 삼는 구절은 디모데전서 2장 4절입니다. "하나님은 모든 사람이 구원을 받으며 진리를 아는 데에 이르기를 원하시느니라" 여기서 모든 사람은 모든 개인을 의미하는 것이 아니라, 신분과 인종을 초월한 모든 종류의 사람들을 의미하는 것입니다.

제21문 해설

구원 얻는 참된 믿음에는 두 가지 특징이 있습니다. 첫째, 성경에 근거한 믿음입니다. 예를 들어 이단들은 열정에 기초한 뜨거운 믿음을 가지고 있습니다. 하지만 성경에 근거한 믿음이 아니기에, 구원 얻는 참된 믿음이 아닙니다. 둘째, 확신하는 믿음입니다. 예를 들어 구약의 이스라엘 백성들처럼, 바알과 하나님 사이에서 갈등하는 믿음은 확신하는 믿음이 아니기에, 구원 얻는 참된 믿음이 아닙니다.

제22문 해설

우리는 복음에 약속된 모든 것을 믿어야 합니다. 이 복음은 사도신경에 잘 요약되어 있습니다. 사도신경은 성경과 동등한 위치에 있지 않지만, 복음을 잘 요약하고 있어서 교회사적으로 중요한 위치를 차지하고 있습니다.

사도신경이라는 이름은 사도가 작성했다는 뜻이 아니라, 사도적 가르침을 담고 있다는 뜻입니다. 사도신경은 사도들의 고백과 가르침을 담고 있어서, 모든 시대의 교회가 믿음으로 고백한 신앙고백입니다.

교회가 사도신경을 작성한 이유는 크게 세 가지입니다. 첫째, 다음 세대에게 참된 믿음의 내용을 전수하기 위해서입니다. 둘째, 이단으로부터 참된 믿음의 내용을 수호하기 위해서입니다. 셋째, 참된 믿음으로 교회가 연합하기 위해서입니다. 교회는 안으로는 참된 믿음을 가르치기 위해, 밖으로는 참된 믿음을 수호하기 위해, 공교회적으로는 하나가 되기 위해 사도신경을 가르쳤습니다.

정리하기

1. 만인 구원론은 무엇입니까?
2. 성경은 어떤 사람만 구원을 받는다고 말합니까?
3. 디모데전서 2장 4절의 "모든 사람"은 누구를 의미합니까?
4. 참된 믿음의 두 가지 특징은 무엇입니까?
5. 사도신경이라는 이름의 의미는 무엇입니까?

제 08 주 참된 믿음의 요약 사도신경

제23문 사도신경은 어떤 신앙을 고백합니까?

답 1. 나는 전능하신 아버지 하나님, 천지의 창조주를 믿습니다.
2. 나는 그의 유일하신 아들, 우리 주 예수 그리스도를 믿습니다.
3. 그는 성령으로 잉태되어 동정녀 마리아에게 나시고,
4. 본디오 빌라도에게 고난을 받아 십자가에 못 박혀 죽으시고,
5. 장사된 지 사흘만에 죽은 자 가운데서 다시 살아나셨으며
6. 하늘에 오르시어 전능하신 아버지 하나님 우편에 앉아 계시다가,
7. 거기로부터 살아있는 자와 죽은 자를 심판하러 오십니다.
8. 나는 성령을 믿으며,
9. 거룩한 공교회와
10. 성도의 교제와
11. 죄를 용서 받는 것과
12. 몸의 부활과 영생을 믿습니다. 아멘.

제24문 이 조항들은 어떻게 나누어집니까?

답 세 부분으로 나누어집니다.
첫째, 성부 하나님과 우리의 창조,
둘째, 성자 하나님과 우리의 구속,
셋째, 성령 하나님과 우리의 성화입니다.

제25문 하나님은 한 분이신데, 왜 성부, 성자, 성령을 말합니까?

답 하나님께서 말씀에서 자신을 그렇게 계시하셨기 때문입니다.
이 구별된 삼위는 한 분이시요(신6:4),
참되고 영원하신 하나님이십니다(마28:19).

신6:4 이스라엘아 들으라 우리 하나님 여호와는 오직 유일한 여호와이시니

마28:19 그러므로 너희는 가서 모든 민족을 제자로 삼아 아버지와 아들과 성령의 이름으로 세례를 베풀고

제23문 해설

사도신경은 모두 12개의 조항으로 구성되어 있습니다. 성부 하나님에 관한 조항이 하나, 성자 하나님에 관한 조항이 여섯, 성령 하나님에 관한 조항이 다섯입니다. 이처럼 사도신경은 삼위일체 구조를 가지고 있습니다. 우리의 구원이 삼위 하나님의 사역이기 때문입니다.

제24문 해설

구원은 우리로부터 시작된 것이 아닙니다. 삼위 하나님이 구원의 근거입니다. 그래서 삼위 하나님이 하신 일을 알아야 합니다.

성부 하나님은 만물의 시작입니다. 그래서 창조주 하나님이라고 부릅니다. 성부 하나님은 우리를 만드시고, 보존하십니다. 우리의 하늘 아버지로서 우리에게 좋은 것을 공급해 주십니다.

성자 하나님은 우리를 죄에서 해방하십니다. 그래서 구속주 하나님이라고 부릅니다. 성자 하나님은 우리가 받아야 할 사망의 형벌을 대신 받으셨습니다. 그리하여 우리를 영원한 사망에서 구속하셨습니다.

성령 하나님은 우리에게 구원이 적용되도록 돕는 일을 하십니다. 그래서 보혜사 하나님이라고 부릅니다. 보혜사는 돕는자, 위로자, 변호사라는 뜻입니다. 성령 하나님은 우리 안에 거하시면서 우리 마음을 깨끗하게 하시고, 우리에게 믿음을 주시며, 우리가 거룩하게 살도록 도와주십니다.

제25문 해설

삼위일체라는 단어는 성경에 나오지 않습니다. 하지만 성경은 분명히 삼위일체 교리를 말하고 있습니다. 삼위일체 교리는 기독교의 근본 교리이며, 다른 교리의 중추가 되는 교리입니다.

'일체 교리'는 삼위 하나님의 본질이 하나라는 뜻입니다. 우상들은 지위와 능력이 저마다 다릅니다. 하지만 성부, 성자, 성령은 본질이 다르지 않습니다. 성부, 성자, 성령은 하나의 본질을 가지고 있습니다. 성부, 성자, 성령의 지위와 능력은 동등합니다.

'삼위 교리'는 삼위 하나님이 성부, 성자, 성령으로 구별된다는 뜻입니다. 성부는 성자가 아니며, 성자는 성령이 아니고, 성령은 성부가 아닙니다.

하나님은 하나이면서 셋입니다. 이것은 인간의 이성으로 이해할 수 없는 신비입니다. 그래서 우리는 삼위일체를 이해하려고 할 것이 아니라, 믿어야 합니다.

삼위일체는 경건을 위한 신비입니다. 만약 우리가 하나님을 모두 이해할 수 있다면, 우리는 하나님을 경외하지 않을 것입니다. 우리와 같은 차원에 있기 때문입니다. 하지만 하나님은 우리와 다른 차원에 계시기에 우리가 모두 이해할 수 없습니다. 그래서 우리는 하나님을 경외하지 않을 수 없습니다. 우리는 크고 높으신 하나님께 찬양과 감사를 올려드려야 합니다.

정리하기

1. 사도신경은 어떤 구조를 가지고 있습니까? 그 이유는 무엇입니까?
2. 왜 성부 하나님을 창조주 하나님이라고 부릅니까?
3. 왜 성자 하나님을 구속주 하나님이라고 부릅니까?
4. 왜 성령 하나님을 보혜사 하나님이라고 부릅니까?
5. 일체 교리가 의미하는 것은 무엇입니까?
6. 삼위 교리가 의미하는 것은 무엇입니까?

제89주 성부 하나님에 대하여

제26문 "나는 전능하신 아버지 하나님, 천지의 창조주를 믿습니다"라는 신앙고백의 의미는 무엇입니까?

답 첫째, 하나님은 아무것도 없는 가운데서 모든 것을 창조하셨습니다 (시33:6).

둘째, 하나님은 작정과 섭리로써 모든 것을 보존하고 다스리십니다 (마10:29-31).

셋째, 하나님은 예수님 때문에 나의 아버지가 되십니다(요1:12).

넷째, 하나님은 나의 몸과 영혼에 필요한 모든 것을 채워 주시며 (마6:25-26),

이 눈물 골짜기 같은 세상에서 당하게 하시는 어떤 역경들이라도 결국에는 합력하여 선을 이루게 하십니다(롬8:28).

하나님은 전능하시기 때문에 능히 이것을 이루실 수 있으며, 또한 하나님은 신실하신 아버지이시기 때문에 이것을 이루시기를 원하십니다.

시33:6	여호와의 말씀으로 하늘이 지음이 되었으며 그 만상을 그의 입 기운으로 이루었도다
마10:29-31	참새 두 마리가 한 앗사리온에 팔리지 않느냐 그러나 너희 아버지께서 허락하지 아니하시면 그 하나도 땅에 떨어지지 아니하리라 너희에게는 머리털까지 다 세신 바 되었나니 두려워하지 말라 너희는 많은 참새보다 귀하니라
요1:12	영접하는 자 곧 그 이름을 믿는 자들에게는 하나님의 자녀가 되는 권세를 주셨으니
마6:25-26	그러므로 내가 너희에게 이르노니 목숨을 위하여 무엇을 먹을까 무엇을 마실까 몸을 위하여 무엇을 입을까 염려하지 말라 목숨이 음식보다 중하지 아니하며 몸이 의복보다 중하지 아니하냐 공중의 새를 보라 심지도 않고 거두지도 않고 창고에 모아들이지도 아니하되 너희 하늘 아버지께서 기르시나니 너희는 이것들보다 귀하지 아니하냐
롬8:28	우리가 알거니와 하나님을 사랑하는 자 곧 그의 뜻대로 부르심을 입은 자들에게는 모든 것이 합력하여 선을 이루느니라

제26문 해설

26문은 사도신경의 첫 번째 조항을 해설합니다. 사도신경의 첫 번째 조항은 "나는 전능하신 아버지 하나님, 천지의 창조주를 믿습니다"입니다. 우리는 여기서 네 가지 믿음을 고백합니다.

첫째, 하나님이 무에서 유를 창조하셨다는 믿음입니다. "여호와의 말씀으로 하늘이 지음이 되었으며 그 만상을 그의 입 기운으로 이루었도다"(시33:6) 세상이 말씀으로 지어졌다는 것은, 하나님께서 아무런 재료나 도구 없이 무에서 유를 창조하셨다는 뜻입니다.

둘째, 하나님께서 친히 창조 세계를 돌보신다는 믿음입니다. "참새 두 마리가 한 앗사리온에 팔리지 않느냐 그러나 너희 아버지께서 허락하지 아니하시면 그 하나도 땅에 떨어지지 아니하리라 너희에게는 머리털까지 다 세신 바 되었나니 두려워하지 말라 너희는 많은 참새보다 귀하니라"(마10:29-31) 하나님은 창조 세계를 내버려 두시는 무책임한 분이 아닙니다. 하나님은 지금도 여전히 창조 세계를 돌보고 계십니다.

셋째, 창조주 하나님께서 나의 아버지가 되신다는 믿음입니다. "영접하는 자 곧 그 이름을 믿는 자들에게는 하나님의 자녀가 되는 권세를 주셨으니"(요1:12) 우리는 예수님 때문에 하나님의 자녀로 입양되었습니다.

넷째, 하늘 아버지께서 나를 돌보아 주신다는 믿음입니다. "목숨을 위하여 무엇을 먹을까 무엇을 마실까 몸을 위하여 무엇을 입을까 염려하지 말라 목숨이 음식보다 중하지 아니하며 몸이 의복보다 중하지 아니하냐 공중의 새를 보라 심지도 않고 거두지도 않고 창고에 모아들이지도 아니하되 너희 하늘 아버지께서 기르시나니 너희는 이것들보다 귀하지 아니하냐"(마6:25-26)

따라서 우리가 겪고 있는 고통과 슬픔은 하나님께서 우리를 버리신 결과가 아닙니다. 기쁜 일만이 아니라 슬픈 일도 하나님이 섭리하신 결과입니다. 하나님은 결국 그 모든 일이 합력하여 선을 이루게 하실 것입니다. "하나님을 사랑하는 자 곧 그의 뜻대로 부르심을 입은 자들에게는 모든 것이 합력하여 선을 이루느니라"(롬8:28)

1. 우리가 사도신경의 첫 번째 조항에서 고백하는 네 가지 믿음은 무엇입니까?

   1)

   2)

   3)

   4)

2. 우리에게 일어난 기쁜 일만 하나님이 섭리하신 결과입니까?

제10주 하나님의 섭리

제27문 하나님의 섭리란 무엇입니까?

답 섭리란 하나님의 전능하고
 언제 어디나 미치는 능력으로(시94:9),
 하나님께서 마치 자신의 손으로 하듯이,
 하늘과 땅의 모든 피조물을
 여전히 보존하고 다스리는 것입니다(행14:17).
 그러므로 꽃잎과 풀, 비와 가뭄, 풍년과 흉년,
 먹을 것과 마실 것, 건강과 질병, 부와 가난,
 참으로 이 모든 것이 우연이 아니라
 하나님의 사랑스러운 손길에 의한 것입니다(잠22:2, 잠16:33).

제28문 하나님께서 모든 것을 창조하시고 섭리하심을 아는 것이
우리에게 어떤 유익을 줍니까?

답 섭리를 앎으로써,
어떤 어려움 속에서도 인내하고(시39:9),
형통할 때에 감사하며(신8:10),
또한 장래 일에 대해서도
우리의 신실하신 하나님 아버지를 굳게 신뢰하여
어떠한 피조물이라도
우리를 하나님의 사랑에서 끊을 수 없으리라 확신합니다(롬8:38-39).
왜냐하면 모든 피조물이 하나님의 손안에 있으므로,
하나님의 뜻이 없이는 피조물들은 움직일 수조차 없기 때문입니다.

시94:9	귀를 지으신 이가 듣지 아니하시랴 눈을 만드신 이가 보지 아니하시랴
행14:17	여러분에게 하늘로부터 비를 내리시며 결실기를 주시는 선한 일을 하사 음식과 기쁨으로 여러분의 마음에 만족하게 하셨느니라
잠22:2	가난한 자와 부한 자가 함께 살거니와 그 모두를 지으신 이는 여호와시니라
잠16:33	제비는 사람이 뽑으나 모든 일을 작정하기는 여호와께 있느니라
시39:9	내가 잠잠하고 입을 열지 아니함은 주께서 이를 행하신 까닭이니이다
신8:10	네가 먹어서 배부르고 네 하나님 여호와께서 옥토를 네게 주셨음으로 말미암아 그를 찬송하리라
롬8:38-39	내가 확신하노니 사망이나 생명이나 천사들이나 권세자들이나 현재 일이나 장래 일이나 능력이나 높음이나 깊음이나 다른 어떤 피조물이라도 우리를 우리 주 그리스도 예수 안에 있는 하나님의 사랑에서 끊을 수 없으리라

제27문 해설

섭리는 간단히 말해 하나님의 돌보심을 의미합니다. 세상이 보존될 수 있는 것은, 하나님의 섭리 때문입니다. 하나님이 섭리하시기를 중단하신다면, 세상은 더 이상 보존되지 않을 것입니다. 섭리의 범위는 다음과 같습니다.

첫째, 하나님의 섭리는 모든 사건에 미칩니다. 비가 내리고 그치는 것(렘5:24), 부자가 되거나 가난하게 되는 것(잠22:2), 건강하거나 병에 걸리는 것(요9:1-3), 평안하거나 환란을 겪는 것(사45:7), 심지어 사람들의 자발적인 행동조차도 하나님의 섭리 안에 있습니다(잠16:9, 잠21:1).

둘째, 하나님의 섭리는 모든 피조물에 미칩니다. 하나님은 사람에게 먹을 것을 주시고(시104:14), 들짐승에게 마실 물을 주시며(시104:11), 공중의 새들에게 쉴 곳을 주십니다(시104:12).

하나님의 섭리는 직접 섭리와 간접 섭리로 구분할 수 있습니다. 직접 섭리는 하나님께서 무언가를 통하지 않고 직접 일하시는 것이고, 간접 섭리는 하나님께서 무언가를 통해서 일하시는 것입니다. 예를 들어 하나님께서 직접 사람들의 병을 고치는 것은 직접 섭리이고, 의료인을 통해 고치는 것은 간접 섭리입니다. 흔히 직접 섭리를 기적이라고 합니다.

하나님의 섭리는 일반 섭리와 특별 섭리로 구분할 수도 있습니다. 일반 섭리는 모든 사람을 대상으로 하는 것이고, 특별 섭리는 하나님의 백성을 대상으로 하는 것입니다. 예를 들어 해가 빛을 비추는 것은 모든 사람을 대상으로 하기에 일반 섭리이고, 기도에 응답하시는 것은 하나님의 백성을 대상으로 하기에 특별 섭리입니다.

제28문 해설

　섭리를 믿지 않는 사람은 자주 절망에 빠집니다. 어려움 속에서 하나님을 의지하지 않고 자신의 힘을 의지하기 때문입니다. 섭리를 믿지 않는 사람은 자주 교만합니다. 자신의 능력으로 성공했다고 믿기 때문입니다.

　반대로 섭리를 아는 사람은 어떤 어려움 속에서도 인내합니다. 하나님의 돌보심을 믿기 때문입니다. 섭리를 아는 사람은 형통할 때 교만하지 않습니다. 형통하게 하신 분이 하나님이심을 믿기 때문입니다.

　어떤 사람들은 하나님만 믿고 아무 노력을 하지 않습니다. 병에 걸려도 기적만 바라고, 문제가 닥쳐도 저절로 해결되기만을 기다립니다. 이것은 하나님의 섭리를 오해한 것입니다. 하나님은 인간의 노력과 의지를 섭리의 수단으로 사용하십니다. 하나님은 의료진의 수고를 통해서 환자를 고치시며, 우리의 노력을 통해서 문제를 해결하십니다. 따라서 하나님의 섭리를 믿는 사람들은 열심히 공부해야 하고, 성실하게 일해야 하며, 지혜롭게 내일을 대비해야 합니다.

정리하기

1. 섭리를 간단하게 정의해 보세요.
2. 섭리의 범위는 무엇입니까?
3. 섭리는 어떻게 구분됩니까?
4. 왜 섭리를 아는 사람은 어려움 속에서 인내할 수 있습니까?
5. 왜 섭리를 아는 사람은 형통할 때 교만하지 않습니까?

제11주 우리 주 예수

제29문 왜 하나님의 아들을 예수, 곧 구주라 부릅니까?

답 그가 우리를 우리의 죄에서 구원하시기 때문이고(마1:21),
또 그분 외에는 어디에서도 구원을 찾아서도 안 되며
발견할 수도 없기 때문입니다(행4:11-12, 요일5:11-12).

제30문 그렇다면 자신의 구원과 복을
소위 성인에게서,
혹은 자기 자신이나 다른 데서 찾는 사람들도
유일한 구주이신 예수를 믿는 것입니까?

답 아닙니다.
입으로는 유일한 구주이신 예수를 자랑하지만,
행위로는 부인하기 때문입니다(고전1:13).
예수가 완전한 구주가 아니라고 하든지,
아니면 참된 믿음으로 예수를 영접하고
구원에 필요한 모든 것을 예수 안에서 찾든지
둘 중의 하나만 사실입니다(요1:16).

마1:21	아들을 낳으리니 이름을 예수라 하라 이는 그가 자기 백성을 그들의 죄에서 구원할 자이심이라 하니라
행4:11-12	이 예수는 너희 건축자들의 버린 돌로서 집 모퉁이의 머릿돌이 되었느니라 다른 이로써는 구원을 받을 수 없나니 천하 사람 중에 구원을 받을 만한 다른 이름을 우리에게 주신 일이 없음이라 하였더라
요일5:11-12	또 증거는 이것이니 하나님이 우리에게 영생을 주신 것과 이 생명이 그의 아들 안에 있는 그것이니라 아들이 있는 자에게는 생명이 있고 하나님의 아들이 없는 자에게는 생명이 없느니라
고전1:13	그리스도께서 어찌 나뉘었느냐 바울이 너희를 위하여 십자가에 못 박혔으며 바울의 이름으로 너희가 세례를 받았느냐
요1:16	우리가 다 그의 충만한 데서 받으니 은혜 위에 은혜러라

제29문 해설

29-34문은 성자 하나님의 이름들을 다루고 있습니다. 성자 하나님의 이름들을 통해, 성자 하나님이 어떤 분인지를 알 수 있기 때문입니다. 성자 하나님의 첫 번째 이름은 '예수'입니다. 예수라는 이름은 하나님께서 친히 지어주신 이름입니다. "아들을 낳으리니 이름을 예수라 하라 이는 그가 자기 백성을 그들의 죄에서 구원할 자이심이라 하니라"(마1:21).

'예수'라는 이름은 '여호수아'라는 히브리식 표현을 헬라식으로 옮긴 것입니다. 여호수아는 '여호와께서 구원하신다'는 뜻입니다. 따라서 예수라는 이름은 성자 하나님께서 우리의 구원자이심을 보여주는 이름입니다. 예수님은 우리를 두 가지로부터 구원하십니다.

첫째, '죄의 결과'로부터 구원하십니다. 죄의 결과는 죽음입니다. 예수님은 우리 대신 죽음의 형벌을 당하셔서, 우리를 죄의 결과로부터 구원하십니다. 우리가 지옥 형벌을 당하지 않는 것은, 예수님이 우리 대신 죽음의 형벌을 당하셨기 때문입니다.

둘째, '죄의 영향력'으로부터 구원하십니다. 예수님은 우리에게 성령을 보내셔서, 우리를 죄의 영향력으로부터 구원하십니다. 우리가 점점 거룩한 사람으로 변화되는 것은, 우리 안에 성령님이 거하시기 때문입니다.

제30문 해설

우리는 예수님을 구원자로 믿되, 유일한 구원자로 믿어야 합니다. 하나님이 다른 구원자를 우리에게 주신 적이 없기 때문입니다(행4:12). 그런데 로마 교회는 다음과 같은 데서 구원을 찾습니다.

첫째, 성인에게서 구원을 찾습니다. 그들은 마리아나 사도나 교부들의 공로가 자신들의 구원에 도움을 준다고 믿습니다. 둘째, 자기 자신에게서 구원을 찾습니다. 그들은 자신의 선행이 하나님 앞에서 공로가 된다고 믿습니다. 그래서 우리는 로마 교회에 대해, "입으로는 유일한 구주이신 예수를 자랑하지만, 행위로는 부인"하는 자들이라고 말합니다.

1. 성자 하나님의 이름들을 살펴보는 이유는 무엇입니까?
2. 예수라는 이름의 히브리식 표현은 무엇입니까?
3. 예수님은 우리를 무엇으로부터 구원하십니까?

제12주 그리스도

제31문 왜 예수님을 그리스도, 곧 기름부음 받은 자라 부릅니까?

답 성부 하나님께 임명을 받고 성령으로 기름 부음을 받으셨기 때문입니다 (눅4:18).

예수님은 우리의 선지자로서

우리의 구원을 위한 하나님의 뜻을 온전히 계시해 주십니다(요1:18).

그리고 우리의 유일한 대제사장으로서

자기 몸으로 단 한 번의 제사를 드려 우리를 구속하시고(히10:12-14),

우리를 위해 아버지께 계속 간구하십니다(롬8:34).

또한 우리의 영원한 왕으로서

그의 말씀과 성령으로 우리를 다스리시며,

우리를 위해 획득하신 구원을 누리도록 우리를 보호하고 보존하십니다 (요10:28).

제32문 그런데 왜 당신은 그리스도인이라 불립니까?

답 왜냐하면 내가 믿음으로 그리스도의 지체가 되어

그의 기름 부음에 참여하기 때문입니다(고전6:15).

나는 선지자로서 예수님의 이름의 증인이 되며(히13:15),

제사장으로서 나 자신을 감사의 산 제물로 그에게 드리고(롬12:1),

또한 왕으로서

이 세상에 사는 동안은 자유롭고 선한 양심으로 죄와 마귀에 대항하여 싸우고(벧전2:9),

이후로는 영원히 그와 함께 모든 피조물을 다스릴 것입니다(계22:5).

눅4:18	주의 성령이 내게 임하셨으니 이는 가난한 자에게 복음을 전하게 하시려고 내게 기름을 부으시고
요1:18	본래 하나님을 본 사람이 없으되 아버지 품 속에 있는 독생하신 하나님이 나타내셨느니라
히10:12-14	오직 그리스도는 죄를 위하여 한 영원한 제사를 드리시고...그가 거룩하게 된 자들을 한 번의 제사로 영원히 온전하게 하셨느니라
롬8:34	누가 정죄하리요 죽으실 뿐 아니라 다시 살아나신 이는 그리스도 예수시니 그는 하나님 우편에 계신 자요 우리를 위하여 간구하시는 자시니라
요10:28	내가 그들에게 영생을 주노니 영원히 멸망하지 아니할 것이요 또 그들을 내 손에서 빼앗을 자가 없느니라
고전6:15	너희 몸이 그리스도의 지체인 줄 알지 못하느냐 내가 그리스도의 지체를 가지고 창녀의 지체를 만들겠느냐 결코 그럴 수 없느니라
히13:15	그러므로 우리는 예수로 말미암아 항상 찬송의 제사를 하나님께 드리자 이는 그 이름을 증언하는 입술의 열매니라
롬12:1	그러므로 형제들아 내가 하나님의 모든 자비하심으로 너희를 권하노니 너희 몸을 하나님이 기뻐하시는 거룩한 산 제물로 드리라 이는 너희가 드릴 영적 예배니라
벧전2:9	그러나 너희는 택하신 족속이요 왕 같은 제사장들이요
계22:5	다시 밤이 없겠고 등불과 햇빛이 쓸 데 없으니 이는 주 하나님이 그들에게 비치심이라 그들이 세세토록 왕 노릇 하리로다

제31문 해설

사도신경은 예수님을 그리스도라고 고백합니다. 그리스도는 '기름 부음 받은 자'라는 뜻으로, 하나님이 임명하신 직분자를 의미합니다. 같은 뜻의 히브리어는 메시아입니다. 하나님은 구약시대에 특별한 직분을 기름 부어 세우셨습니다. 이 특별한 직분이 바로 선지자, 제사장, 왕입니다. 그래서 인간 중에 세워진 선지자, 제사장, 왕이 구약시대의 그리스도였습니다.

하나님은 구약시대에 이 세 직분을 가진 자들을 통해 자기 백성들에게 복을 주셨습니다. 선지자를 통해서는 하나님의 말씀을 전해주셨고, 제사장을 통해서는 죄를 해결해 주셨고, 왕을 통해서는 평화를 주셨습니다.

하지만 구약시대의 그리스도들은 저마다 부족함과 흠이 있었습니다. 선지자들은 하나님의 말씀을 바르게 전하지 않았고, 제사장들은 온전한 제사를 드리지 않았고, 왕들은 백성들에게 평화를 주지 못했습니다.

예수 그리스도는 구약의 그리스도와 전혀 달랐습니다. 예수님은 선지자로서 하나님의 뜻을 온전히 계시해 주셨습니다. 예수님은 제사장으로서 자신의 몸을 제물로 드려 우리의 죄를 모두 해결해 주셨습니다. 예수님은 왕으로서 죄와 사망의 공격으로부터 우리를 영원히 지키고 보호해 주십니다.

제32문 해설

신자들은 처음에 '예수의 제자'로 불렸습니다. 그러다가 시간이 지난 후에는 '그리스도인'으로 불렸습니다. 그리스도인은 '그리스도에게 속한 자'라는 뜻입니다. 우리는 성령으로 그리스도와 연합하였고, 성령으로 그리스도의 지체가 되었습니다. 따라서 우리는 세상에 속한 자가 아니라 그리스도에게 속한 자입니다.

그리스도인은 처음에 '예수쟁이'라는 부정적인 뜻이었지만, 이후에 하나님께서 그리스도인이라는 칭호를 신자의 공식적인 이름으로 인정해 주셨습니다(벧전4:16). 따라서 우리는 선지자와 제사장과 왕이 되어야 합니다. 선지자와 제사장과 왕의 일을 해야 합니다.

우리가 선지자로서 해야 하는 일은 복음을 전하는 것입니다. 우리는 불신자에게 예수를 전해야 하고, 자녀들에게 성경을 가르쳐야 합니다.

우리가 제사장으로서 해야 하는 일은 감사의 제사를 드리는 것입니다. 구약의 제사는 예수님이 완성하셨으므로 반복할 필요가 없습니다. 신약의 제사는 감사의 제사입니다. 우리를 구원하신 하나님의 은혜를 기억하며, 일평생 그 은혜에 보답하는 삶을 사는 것이 감사의 제사입니다.

우리가 왕으로서 해야 하는 일은 거룩한 싸움을 싸우는 것입니다. 사탄의 유혹에 넘어가는 종의 삶이 아니라, 사탄과 맞서 싸우는 왕의 삶을 살아야 합니다.

정리하기

1. 그리스도는 어떤 뜻입니까?
2. 기름을 부어 임명하는 직분에는 무엇이 있었습니까?
3. 구약의 그리스도는 어떠했습니까?
4. 우리는 그리스도인으로서 어떤 삶을 살아야 합니까?

하나님의 독생자 우리 주님

제33문 우리 역시 하나님의 자녀인데, 왜 예수님을 "하나님의 독생자"라 부릅니까?

답 오직 예수님만 본질이 같은 하나님의 영원한 아들이시고 (요3:16),
우리는 예수님 때문에 은혜로 입양된
하나님의 자녀이기 때문입니다 (요1:12, 롬8:15).

제34문 예수님을 "우리 주"라 부르는 이유는 무엇입니까?

답 예수님이 금이나 은이 아니라 그의 보혈로써
우리의 몸과 영혼을 우리의 모든 죄로부터 구속하셨고,
우리를 마귀의 권세에서 해방하여,
자신의 소유로 삼으셨기 때문입니다 (고전7:23, 요10:28).

요3:16	하나님이 세상을 이처럼 사랑하사 독생자를 주셨으니 이는 그를 믿는 자마다 멸망하지 않고 영생을 얻게 하려 하심이라
요1:12	영접하는 자 곧 그 이름을 믿는 자들에게는 하나님의 자녀가 되는 권세를 주셨으니
롬8:15	너희는 다시 무서워하는 종의 영을 받지 아니하고 양자의 영을 받았으므로 우리가 아빠 아버지라고 부르짖느니라
고전7:23	너희는 값으로 사신 것이니 사람들의 종이 되지 말라
요10:28	내가 그들에게 영생을 주노니 영원히 멸망하지 아니할 것이요 또 그들을 내 손에서 빼앗을 자가 없느니라

제33문 해설

예수님을 믿는 자는 누구나 하나님의 자녀입니다(요1:12). 그런데 왜 예수님을 '유일한 아들'이라는 의미의 '독생자'로 부를까요? 오직 예수님만 하나님과 본질이 같은 아들이시기 때문입니다. 예수님은 성부 하나님과 동등하고 동일한 하나님이십니다. 따라서 예수님은 본성으로 하나님의 자녀요, 우리는 은혜로 하나님의 자녀입니다. 그럴지라도 우리가 하나님의 자녀라는 것은 엄청난 특권입니다. 원래 우리는 하나님의 자녀가 아니라 사탄의 자녀요(요8:44), 진노의 자녀였기 때문입니다(엡2:3).

제34문 해설

우리는 예수님을 '우리의 주인'이라는 뜻으로 '주'라고 부릅니다. 한때 우리의 주인은 사탄이었습니다. 재판장이신 하나님은, 죄수인 우리를, 간수인 사탄에게 넘기셨습니다. 하지만 예수님이 자신의 피 값으로 우리를 사셨으므로(행20:28), 이제 우리의 주인은 사탄이 아니라 예수님입니다(고전7:23).

주의해야 할 점은 예수님이 죗값을 지불한 대상이, 간수인 사탄이 아니라 재판장이신 하나님이라는 점입니다. 모든 주권은 재판장이신 하나님께 있으므로, 죗값도 하나님께 지불되어야 마땅합니다.

예수님이 우리의 주인이라는 점에는 부정적인 내용이 전혀 없습니다. 예수님은 우리를 억압하고 착취하는 주인이 아니라, 보호하고 인도하는 주인입니다. "나는 선한 목자라 선한 목자는 양들을 위하여 목숨을 버리거니와"(요10:11), "내가 그들에게 영생을 주노니 영원히 멸망하지 아니할 것이요 또 그들을 내 손에서 빼앗을 자가 없느니라"(요10:28)

1. 독생자는 어떤 뜻입니까?
2. 왜 예수님을 독생자라고 부릅니까?
3. 한 때 우리의 주인은 누구였습니까?
4. 예수님은 죗값을 누구에게 지불하셨습니까?
5. 예수님은 어떤 주인이십니까?

## 제14주 동정녀 탄생

제35문 "그는 성령으로 잉태되어 동정녀 마리아에게 나시고"라는 고백의 의미는 무엇입니까?

답 하나님의 영원하신 아들이
하나님의 본질을 그대로 지니신 채(마1:23),
성령의 사역으로(마1:18)
처녀 마리아의 혈육으로 나셨다는 것입니다(눅1:42).
또한 진정한 인간의 본질을 취하셔서,
죄를 제외한 모든 것이 우리와 같은 형체가 되어
다윗의 자손으로 나셨다는 뜻입니다(히4:15).

제36문 예수님의 거룩한 잉태와 탄생은 우리에게 어떤 유익을 줍니까?

답 예수님은 우리의 중보자이시므로,
태어날 때부터 가지고 있는 나의 죄를
그의 무죄함과 완전한 거룩함으로
하나님 앞에서 덮어주십니다(시32:1, 사53:11).

마1:23	보라 처녀가 잉태하여 아들을 낳을 것이요 그의 이름은 임마누엘이라 하리라 하셨으니 이를 번역한즉 하나님이 우리와 함께 계시다 함이라
마1:18	예수 그리스도의 나심은 이러하니라 그의 어머니 마리아가 요셉과 약혼하고 동거하기 전에 성령으로 잉태된 것이 나타났더니
눅1:42	큰 소리로 불러 이르되 여자 중에 네가 복이 있으며 네 태중의 아이도 복이 있도다 히4:15 우리에게 있는 대제사장은 우리의 연약함을 동정하지 못하실 이가 아니요 모든 일에 우리와 똑같이 시험을 받으신 이로되 죄는 없으시니라
시32:1	허물의 사함을 받고 자신의 죄가 가려진 자는 복이 있도다
사53:11	그가 자기 영혼의 수고한 것을 보고 만족하게 여길 것이라 나의 의로운 종이 자기 지식으로 많은 사람을 의롭게 하며 또 그들의 죄악을 친히 담당하리로다

제35문 해설

예수님은 마리아로부터 사람의 몸과 사람의 마음을 취하셨습니다. 그리하여 우리와 똑같은 사람이 되셨습니다. 예수님은 몸으로는 피곤하셨고(요4:6), 마음으로는 근심하셨습니다(마26:38). 예수님이 우리와 똑같은 사람이라는 증거입니다.

신화에는 '반인반신'이 자주 등장합니다. 그리스 로마 신화에 등장하는 헤라클레스가 대표적입니다. 그는 제우스와 인간 사이에서 태어난 존재로 절반은 신이고, 절반은 인간입니다. 따라서 그는 신도 아니고 인간도 아닙니다. 신과 인간의 중간쯤 되는 존재입니다.

예수님도 반인반신으로 생각하는 자들이 있습니다. 절반은 하나님이고 절반은 사람인 것처럼 생각하는 것입니다. 하지만 예수님은 사람이 되시면서 하나님의 본질을 조금도 잃어버리지 않았습니다. 예수님은 참된 사람이 되셨지만, 동시에 참된 하나님이셨습니다(골2:9). 예수님은 100% 하나님이시고, 동시에 100% 사람이셨습니다.

예수님이 사람이 되실 것은 구약 성경에 이미 예언되었습니다. 예수님은 창세기 3:15에 약속된 여자의 후손이시고, 창세기 22:18에 약속된 아브라함의 후손이시며, 창세기 49:10에 약속된 유다의 후손이시고, 사무엘하 7:12에 약속된 다윗의 후손이십니다.

제36문 해설

하나님과 우리 사이에는 죄로 인한 무한한 간격이 있습니다. 따라서 우리가 하나님과 화목하기 위해서는 죄가 해결되어야 합니다. 우리의 죄를 해결하여, 우리가 하나님께 나아가게 하는 존재를 중보자라고 합니다.

성경은 예수님이 우리의 중보자라고 말합니다. 예수님이 우리 대신 형벌을 받으셔서, 우리의 죄를 해결하였고, 그 결과 우리가 하나님께 나아갈 수 있기 때문입니다.

예수님이 중보자의 사역을 감당하려면, 완전히 무죄하고 거룩해야 합니다. 만약 예수님께 죄가 조금이라도 있다면, 예수님 역시 심판의 대상이 될 뿐, 우리의 중보자가 될 수는 없습니다.

예수님은 성령의 능력으로 처녀를 통해 나셨습니다. 그래서 아담으로부터 내려오는 원죄가 없으십니다. 예수님은 모든 율법을 준행하셨습니다. 그래서 자범죄가 없으십니다. 이처럼 예수님은 완전히 무죄하고 거룩하시기에, 우리의 중보자가 되실 수 있습니다. 하나님 앞에서 우리의 죄를 완전히 덮어주실 수 있습니다.

1. 예수님이 우리와 똑같은 사람이 되셨다는 증거는 무엇입니까?
2. 예수님은 반인반신같은 존재입니까?
3. 예수님이 사람으로 오실 것을 예언한 성경구절은 무엇입니까?
4. 예수님이 우리의 중보자가 되시려면 어떤 자격을 갖추어야 합니까?

제15주 예수님의 고난

제37문 "고난을 받아"라는 말은 무엇을 의미합니까?

답 예수님이 이 세상에 사셨던 모든 기간에,
특히 생의 마지막 시기에,
모든 인류의 죄에 대한 향한 하나님의 진노를
그의 몸과 영혼에 짊어지셨음을 의미합니다(사53:4).
예수님은 직접 화목제물이 되시어 고난을 당하심으로(롬3:25),
우리의 몸과 영혼을 영원한 저주와 심판으로부터 구원하셨습니다
(히9:12).

제38문 예수님께서 재판관 "본디오 빌라도에게"고난을 받으신 이유는 무엇입니까?

답 예수님은 죄가 하나도 없으시지만(요18:38),
우리를 하나님의 준엄한 심판에서 구원하시기 위해,
이 세상의 재판관에게 정죄를 받으셨습니다.

제39문 예수님이 "십자가에 못 박혀"죽으신 것에 특별한 의미가 있습니까?

답 그렇습니다.
나무에 달린 자는 하나님께 저주를 받은 자이므로(신21:23),
예수님의 죽음은 내가 받아야 할 저주를 대신 받은 것이라고 확신하게 됩니다 (갈3:13).

사53:4	그는 실로 우리의 질고를 지고 우리의 슬픔을 당하였거늘 우리는 생각하기를 그는 징벌을 받아 하나님께 맞으며 고난을 당한다 하였노라
롬3:25	이 예수를 하나님이 그의 피로써 믿음으로 말미암는 화목제물로 세우셨으니
히9:12	염소와 송아지의 피로 하지 아니하고 오직 자기의 피로 영원한 속죄를 이루사 단번에 성소에 들어가셨느니라
요18:38	빌라도가 이르되 진리가 무엇이냐 하더라 이 말을 하고 다시 유대인들에게 나가서 이르되 나는 그에게서 아무 죄도 찾지 못하였노라
신21:23	그 시체를 나무 위에 밤새도록 두지 말고 그 날에 장사하여 네 하나님 여호와께서 네게 기업으로 주시는 땅을 더럽히지 말라 나무에 달린 자는 하나님께 저주를 받았음이니라
갈3:13	그리스도께서 우리를 위하여 저주를 받은 바 되사 율법의 저주에서 우리를 속량하셨으니 기록된 바 나무에 달린 자마다 저주 아래에 있는 자라 하였음이라

제37문 해설

예수님의 삶은 전 생애가 고난이었습니다. 예수님은 출생부터 죽음까지 고난을 당하셨습니다. 예수님은 출생과 동시에 헤롯을 피해 애굽으로 피신하셨고, 죽으실 때는 십자가에서 고통스럽게 생을 마감하셨습니다.

예수님의 고난은 생의 마지막에 집중되어 있었습니다. 유다는 예수님을 배반했고, 다른 제자들은 예수님을 떠났습니다. 유대인들은 예수님을 고발했고, 로마 군인들은 예수님을 조롱했습니다.

예수님의 고난은 자신의 죄 때문이 아니었습니다. 예수님은 우리의 죄 때문에 고난을 당하셨습니다. 하나님은 우리에게 쏟아부어야 마땅한 진노를, 예수님에게 대신 쏟아부으셨습니다. 예수님은 우리가 받아야 마땅한 하나님의 진노를, 자신의 몸과 영혼에 짊어지셨습니다. 그것이 얼마나 고통스러웠던지, 예수님은 "나의 하나님, 나의 하나님, 어찌하여 나를 버리셨나이까"라고 외치셨습니다(마27:46).

하나님은 예수님의 고난을 구약의 제사를 통해 미리 보여주셨습니다. 구약의 성도들은 양과 염소를 화목제물로 바쳐서 하나님과 화목할 수 있었습니다. 마찬가지로 예수님은 자신을 화목제물로 바치셔서 우리가 하나님과 화목하게 하셨습니다.

제38문 해설

예수님은 빌라도에게 재판을 받으셨습니다. 성경은 빌라도의 권한이 하늘에서 왔다고 말합니다(요19:11). 따라서 하나님께서 빌라도를 통해 예수님을 재판하신 것입니다.

빌라도는 두 가지 판결을 내렸습니다. 첫째, 예수님이 무죄하다는 판결을 내렸습니다(눅23:4). 둘째, 예수님에게 십자가형을 내렸습니다. 두 가지를 종합하면 다음과 같은 결론을 내릴 수 있습니다. 사실 예수님은 무죄이지만, 우리 때문에 유죄 판결(십자가형)을 받으셨습니다. 그 결과는 다음과 같습니다. 마지막 날에 하나님의 재판정에서 우리는 무죄 판결을 받을 것입니다. 예수님이 우리 대신 유죄 판결을 받으셨기 때문입니다. 따라서 예수님이 빌라도에게 재판을 받으신 것은, 우리가 하나님 앞에서 무죄 판결을 받도록 하기 위함입니다.

제39문 해설

예수님이 나무 십자가에서 죽으신 것은 우연이 아닙니다. 하나님의 섭리입니다. 신명기 21:23은 나무에 달려 죽은 자는 저주를 받은 자라고 말합니다. 따라서 예수님의 죽음은 저주 받은 죽음입니다. 예수님은 우리가 받아야 할 저주를, 자신이 대신 받았음을 보여주기 위해 나무 십자가에 달려 돌아가셨습니다(갈3:13).

정리하기

1. 예수님이 특히 고난을 받으신 시기는 언제입니까?
2. 예수님은 누구의 죄 때문에 고난을 받으셨습니까?
3. 빌라도의 재판정은 사실 누구의 재판정입니까?
4. 하나님께서 빌라도를 통해 내리신 판결은 무엇입니까?
5. 예수님이 나무 십자가에서 죽으신 이유는 무엇입니까?

제 16 주 그리스도의 죽음과 장사

제40문 왜 그리스도는 죽기까지 낮아져야 했습니까?

답 하나님의 정의가 죽음을 요구하기 때문입니다(빌2:8).

제41문 왜 그리스도는 장사되셨습니까?

답 그리스도의 장사되심은 그리스도의 죽음이 사실이라는 것을 증명합니다(행13:29).

제42문 그리스도께서 우리를 위해 죽으셨는데, 왜 우리는 여전히 죽어야 합니까?

답 우리의 죽음은 죗값을 치르는 것이 아닙니다.
죽음은 우리로 더 이상 범죄하지 않게 하며,
영원한 생명으로 인도하는 관문입니다(요5:24).

제43문 그리스도가 십자가에서 죽으심으로 말미암아 우리가 누리게 되는 또 다른 유익은 무엇입니까?

답 우리의 옛 사람도 함께 죽음으로써,

더 이상 죄가 우리를 지배하지 못합니다(롬6:6).

그리하여 우리 자신을 감사의 제물로 하나님께 드릴 수 있습니다(롬12:1).

제44문 "음부에 내려가셨으며"라는 말이 왜 덧붙여져 있습니까?

답 내가 큰 고통과 중대한 시험을 당할 때에도

나의 주 예수 그리스도께서 나를 지옥의 두려움과 고통으로부터 구원하셨음을 확신하고

거기에서 풍성한 위로를 얻도록 하기 위함입니다.

예수님은 그의 모든 고난을 통하여 특히 십자가에서

말할 수 없는 두려움과 아픔과 공포와 지옥의 고통을 친히 당하심으로써 (마26:38)

나의 구원을 이루셨습니다.

빌2:8	사람의 모양으로 나타나사 자기를 낮추시고 죽기까지 복종하셨으니 곧 십자가에 죽으심이라
행13:29	성경에 그를 가리켜 기록한 말씀을 다 응하게 한 것이라 후에 나무에서 내려다가 무덤에 두었으나
요5:24	내가 진실로 진실로 너희에게 이르노니 내 말을 듣고 또 나 보내신 이를 믿는 자는 영생을 얻었고 심판에 이르지 아니하나니 사망에서 생명으로 옮겼느니라
롬6:6	우리가 알거니와 우리의 옛 사람이 예수와 함께 십자가에 못 박힌 것은 죄의 몸이 죽어 다시는 우리가 죄에게 종 노릇 하지 아니하려 함이니
롬12:1	그러므로 형제들아 내가 하나님의 모든 자비하심으로 너희를 권하노니 너희 몸을 하나님이 기뻐하시는 거룩한 산 제물로 드리라 이는 너희가 드릴 영적 예배니라
마26:38	이에 말씀하시되 내 마음이 매우 고민하여 죽게 되었으니 너희는 여기 머물러 나와 함께 깨어 있으라 하시고

제40문 해설

왜 예수님은 죽으셔야 했을까요? 왜 예수님은 형벌 받는 것에 그치지 않고 죽기까지 했을까요? 하나님의 정의가 죽음을 요구하기 때문입니다. 죄인이 죽음의 형벌을 받는 것이 하나님의 정의입니다(롬6:23). 예수님은 하나님의 정의를 만족시키기 위해 반드시 죽으셔야 했습니다.

제41문 해설

왜 예수님은 장례식을 치르셔야 했을까요? 왜 예수님은 무덤에 묻히는 수치를 당하셔야 했을까요? 예수님이 실제로 죽으셨음을 나타내기 위해서입니다. 예수님이 장례식을 치르셨다는 것은 예수님이 실제로 죽으셨다는 강력한 증거입니다. 예수님이 실제로 죽으셨기에 우리도 실제로 구원을 얻었습니다.

제42문 해설

왜 우리는 여전히 죽어야 할까요? 예수님이 우리를 위해 죽으셨다면, 우리는 더 이상 죽지 않아야 하는 것 아닐까요? 우리가 죽는 것은 사실입니다. 하지만 죽음의 의미가 변화되었습니다. 불신자들의 죽음은 죄의 대가입니다. 그들은 죗값을 치르기 위해서 죽습니다. 우리가 죽는 것은 죄의 대가가 아닙니다. 우리는 영생으로 나아가기 위해 죽습니다. 우리의 죽음은 영생으로 나아가는 관문입니다.

제43문 해설

예수님의 죽음으로 인해 우리는 죄의 지배를 받지 않습니다. 과거에 우리는 죄의 지배를 받았습니다. 죄는 우리의 주인 노릇을 하며, 우리를 죽음으로 몰아갔습니다. 하지만 이제 죄는 우리에게 주인 노릇을 할 수 없습니다. 과거에는 죄가 우리에게 주인 역할을 했다면, 이제는 가끔 찾아오는 손님 역할만 할 뿐입니다. 심지어 과거에는 죄를 이기는 것이 불가능했으나 이제는 죄와 싸워 이길 수 있습니다. 성령께서 우리가 죄와 싸우는 것을 도와주시기 때문입니다.

제44문 해설

사도신경 원문에는 예수님이 장사되셨다는 구절 다음에 예수님이 지옥으로 내려가셨다는 내용이 추가되어 있습니다. 이것은 예수님이 실제로 지옥으로 가셨다는 뜻이 아닙니다. 예수님은 지옥이 아니라 낙원으로, 하나님 곁으로 가셨습니다(눅23:43). 예수님이 지옥으로 내려가셨다는 표현은 일종의 비유입니다. 예수님이 십자가에서 겪으신 고통을 지옥에 비유한 것입니다.

정리하기

1. 왜 예수님은 반드시 죽으셔야 했습니까?
2. 왜 예수님은 장례식을 치르셨습니까?
3. 신자의 죽음과 불신자의 죽음은 어떻게 다릅니까?
4. 사도신경에서 예수님이 지옥으로 내려가셨다는 것은 어떤 뜻입니까?

예수님의 부활

제45문 그리스도의 부활이 우리에게 주는 유익은 무엇입니까?

답 첫째, 그리스도는 그의 부활로 죽음을 이기셨으며,
죽음으로 얻으신 의에 우리로 동참하게 하십니다(롬4:25).
둘째, 그의 능력으로 말미암아
우리도 새로운 생명으로 다시 살아났습니다(롬6:4).
셋째, 그리스도의 부활은
우리의 영광스런 부활에 대한 확실한 보증입니다(롬8:11).

롬4:25   예수는 우리가 범죄한 것 때문에 내줌이 되고 또한 우리를 의롭다 하시기 위하여 살아나셨느
            니라

롬6:4   그러므로 우리가 그의 죽으심과 합하여 세례를 받음으로 그와 함께 장사되었나니 이는 아버
            지의 영광으로 말미암아 그리스도를 죽은 자 가운데서 살리심과 같이 우리로 또한 새 생명 가
            운데서 행하게 하려 함이라

롬8:11   예수를 죽은 자 가운데서 살리신 이의 영이 너희 안에 거하시면 그리스도 예수를 죽은 자 가운
            데서 살리신 이가 너희 안에 거하시는 그의 영으로 말미암아 너희 죽을 몸도 살리시리라

제45문 해설

사도신경의 다섯 번째 조항은, "장사한지 사흘 만에 죽은 자 가운데서 다시 살아나시며"입니다. 예수님의 부활에 대한 신앙고백입니다. 우리는 예수님의 부활이 역사적 사실임을 확실히 믿어야 합니다. 이것은 부인할 수 없는 진리이며, 기독교 신앙의 핵심입니다.

사도들과 초대교회 성도들이 끔찍한 죽음을 맞이했던 것은 예수님의 부활을 증언했기 때문입니다. 만약 예수님의 부활이 사실이 아니라면 그들이 목숨까지 내려놓고 예수님의 부활을 증언할 수 있었을까요? 절대로 불가능합니다. 그들은 실제로 예수님의 부활을 목격했기에 자신들의 목숨까지 걸 수 있었습니다.

부활의 확실성에 대해 성경은 이렇게 말합니다. "그리스도께서 우리 죄를 위하여 죽으시고 장사 지낸 바 되셨다가 성경대로 사흘 만에 다시 살아나사 게바에게 보이시고 후에 열두 제자에게와 그 후에 오백여 형제에게 일시에 보이셨나니 그 중에 지금까지 대다수는 살아 있고 어떤 사람은 잠들었으며 그 후에 야고보에게 보이셨으며 그 후에 모든 사도에게와 맨 나중에 만삭되지 못하여 난 자 같은 내게도 보이셨느니라(고전15:3-8)" 예수님의 부활은 수많은 증인이 있는 명백한 진실입니다.

예수님의 부활은 우리에게 어떤 유익을 줄까요? 첫째, 부활하신 그리스도로 인해 우리가 의롭다 여김을 받는 것입니다. "예수는 우리가 범죄한 것 때문에 내줌이 되고 또한 우리를 의롭다 하시기 위하여 살아나셨느니라"(롬4:25)

둘째, 우리가 새사람이 되는 것입니다. 그리스도의 죽음과 부활로 인해 더 이상 죄와 사망은 우리를 주관할 수 없게 되었습니다. 우리는 죄와 사망에서 자유하는 새사람이 되었습니다. "그리스도를 죽은 자 가운데서 살리심과 같이 우리로 또한 새 생명 가운데서 행하게 하려 함이라"(롬6:4)

셋째, 부활의 소망을 품는 것입니다. 예수님은 부활의 영광을 실제로 보여주셨습니다. 그러므로 우리는 부활이 허무맹랑한 소리가 아님을 압니다. 우리도 언젠가는 영광스러운 모습으로 부활하게 될 것을 확실히 믿고 소망합니다.

1. 예수님의 부활이 사실이 아니라면,

    초대교회 성도들이 목숨까지 걸고 부활의 증인이 될 수 있었을까요?

2. 성경은 누가 부활의 증인이라고 말합니까?

3. 예수님은 무엇을 위해 살아나셨습니까?

4. 예수님은 왜 부활의 영광을 보여주셨습니까?

제 18 주   예수님의 승천

제46문 "하늘에 오르시어"라는 고백의 의미는 무엇입니까?

답 그리스도는 제자들이 보는 가운데 땅에서 하늘로 오르셨고(행1:9),
우리의 유익을 위해 거기에 계시며(롬8:34),
장차 살아 있는 자들과 죽은 자들을 심판하시기 위해 다시 오실 것입니다
(마24:30).

제47문 그렇다면 세상 끝날까지 우리와 함께 있으리라는 그리스도의 약속은 어떻게 됩니까?

답 그리스도는 참 하나님이시며 참 사람이십니다.
인성으로는 더 이상 이 땅에 계시지 않으나,
그의 신성과 위엄과 은혜와 성령으로는 잠시도 우리를 떠나지 않습니다
(마28:20, 요14:16).

제48문 그리스도께서 신성으로는 우리와 함께 계시고, 인성으로는 함께 계시지 않는다면, 그리스도의 두 가지 본성은 서로 분리되어 있다는 것입니까?

답 전혀 그렇지 않습니다.
신성은 무한하며 어디에나 계시지만,
동시에 인성과 인격적으로 결합되어 있습니다(골2:9).

제49문 그리스도의 승천은 우리에게 어떠한 유익을 줍니까?

답 첫째, 그리스도는 하늘에서 우리를 위해 그의 아버지 앞에서 간구하십니다(롬8:34).
둘째, 우리가 하늘로 갈 것에 대한 확실한 보증입니다(요17:24).
셋째, 자신의 성령을 우리에게 보내셔서 우리가 이 땅의 것이 아니라 하늘의 것을 간절하게 찾게 하십니다(골3:1).

행1:9	이 말씀을 마치시고 그들이 보는데 올려져 가시니 구름이 그를 가리어 보이지 않게 하더라
롬8:34	누가 정죄하리요 죽으실 뿐 아니라 다시 살아나신 이는 그리스도 예수시니 그는 하나님 우편에 계신 자요 우리를 위하여 간구하시는 자시니라
마24:30	그 때에 인자의 징조가 하늘에서 보이겠고 그 때에 땅의 모든 족속들이 통곡하며 그들이 인자가 구름을 타고 능력과 큰 영광으로 오는 것을 보리라
마28:20	내가 너희에게 분부한 모든 것을 가르쳐 지키게 하라 볼지어다 내가 세상 끝날까지 너희와 항상 함께 있으리라 하시니라
요14:16	내가 아버지께 구하겠으니 그가 또 다른 보혜사를 너희에게 주사 영원토록 너희와 함께 있게 하리니
골2:9	그 안에는 신성의 모든 충만이 육체로 거하시고
요17:24	아버지여 내게 주신 자도 나 있는 곳에 나와 함께 있어 아버지께서 창세 전부터 나를 사랑하시므로 내게 주신 나의 영광을 그들로 보게 하시기를 원하옵나이다
골3장1-3	그러므로 너희가 그리스도와 함께 다시 살리심을 받았으면 위의 것을 찾으라 거기는 그리스도께서 하나님 우편에 앉아 계시느니라 위의 것을 생각하고 땅의 것을 생각하지 말라 이는 너희가 죽었고 너희 생명이 그리스도와 함께 하나님 안에 감추어졌음이라

제46문 해설

예수님은 부활하신 후 40일 동안 제자들과 함께하셨습니다. 예수님은 40일이 지난 후 하늘로 올라가셨는데, 이것을 승천이라고 합니다. 예수님이 올라가신 하늘은 일반적인 하늘이 아니라 "하늘 위의 하늘"입니다(엡4:10). 성경은 하늘 위의 하늘을 "셋째 하늘"또는 "낙원"이라고 부릅니다(고후12:2-4).

예수님은 마지막 날에 다시 오십니다. 그것을 재림이라고 합니다. 예수님은 초림 때 연약한 아기의 모습으로 오셨지만, 재림 때는 전능한 심판주의 모습으로 오실 것입니다.

제47문 해설

예수님은 하늘로 올라가셨습니다. 그렇다면 세상 끝날까지 우리와 함께하신다는 약속은 취소된 걸까요?(마28:20) 그렇지 않습니다. 예수님은 한 인격에 두 본성을 가지고 계십니다. 하나님의 본성과 사람의 본성입니다. 하나님의 본성을 신성, 사람의 본성을 인성이라고 합니다. 예수님은 인성으로는 하늘에 계시지만, 신성으로는 세상 모든 곳에, 특히 우리 곁에 계십니다.

제48문 해설

예수님이 땅에 계실 때 예수님의 신성과 인성은 분리되지 않았습니다. 예수님은 한 인격에 두 본성을 가지고 계셨습니다. 지금도 마찬가지입니다. 하늘에 계신 예수님의 신성과 인성은 분리되지 않습니다. 예수님의 신성은 무한하고 어디에나 있지만, 동시에 인성과 인격적으로 결합되어 있습니다.

제49문 해설

예수님의 승천은 우리에게 다음과 같은 유익을 줍니다. 첫째, 예수님 하나님 앞에서 우리를 위해 기도하십니다. 둘째, 우리도 하늘에 오를 것을 소망할 수 있습니다. 셋째, 예수님이 하늘에서 우리에게 성령을 보내셨기에, 우리는 땅에 속한 세상 사람처럼 살지 않고, 하늘에 속한 하나님의 백성으로 살아갑니다.

정리하기

1. 예수님이 하늘로 올라가신 것을 무엇이라고 합니까?
2. 예수님이 하늘로 오르셨기에 더 이상 우리와 함께하시지 않습니까?
3. 예수님의 승천이 우리에게 주는 유익은 무엇입니까?

제19주 하나님 우편에 계신 예수님

제50문 왜 "하나님 우편에 앉아 계신다"는 말이 추가되었습니까?

답 그리스도가 승천하신 목적 때문입니다.
그리스도는 거기에서 자신을 교회의 머리로 나타내시며,
성부께서는 그를 통하여 만물을 다스리십니다(엡1:20-22).

제51문 우리의 머리이신 그리스도의 이와 같은 영광은 우리에게 어떤 유익을 줍니까?

답 첫째, 그리스도는 그의 성령으로 그의 지체인 우리에게
하늘의 은사들을 부어주십니다(행2:33).
둘째, 그리스도는 그의 권능으로 우리를 모든 원수들로부터
보호하고 지켜주십니다(요10:28, 롬8:38-39).

제52문 그리스도가 산 자와 죽은 자를 심판하시기 위해 다시 오시는 것은
우리에게 어떤 위로를 줍니까?

답 나의 모든 슬픔과 핍박 속에서,
나를 대신해 하나님의 심판을 받으시고,

내게 임한 모든 저주를 제거하신 바로 그분이
심판자로서 하늘로부터 오시기를 머리 들어 기다립니다.
그리스도는 그의 모든 원수들 곧 나의 원수들은
영원한 멸망으로 형벌하실 것이며(마25:41, 살후1:6),
나는 그의 택함을 받은 모든 사람들과 함께
하늘의 기쁨과 영광으로 옮기실 것입니다(마25:34).

엡1:20-22	그의 능력이 그리스도 안에서 역사하사 죽은 자들 가운데서 다시 살리시고 하늘에서 자기의 오른편에 앉히사 모든 통치와 권세와 능력과 주권과 이 세상뿐 아니라 오는 세상에 일컫는 모든 이름 위에 뛰어나게 하시고 또 만물을 그의 발 아래에 복종하게 하시고 그를 만물 위에 교회의 머리로 삼으셨느니라
행2:33	하나님이 오른손으로 예수를 높이시매 그가 약속하신 성령을 아버지께 받아서 너희가 보고 듣는 이것을 부어 주셨느니라
요10:28	내가 그들에게 영생을 주노니 영원히 멸망하지 아니할 것이요 또 그들을 내 손에서 빼앗을 자가 없느니라
롬8:38-39	내가 확신하노니 사망이나 생명이나 천사들이나 권세자들이나 현재 일이나 장래 일이나 능력이나 높음이나 깊음이나 다른 어떤 피조물이라도 우리를 우리 주 그리스도 예수 안에 있는 하나님의 사랑에서 끊을 수 없으리라
마25:41	또 왼편에 있는 자들에게 이르시되 저주를 받은 자들아 나를 떠나 마귀와 그 사자들을 위하여 예비된 영원한 불에 들어가라
살후1:6	너희로 환난을 받게 하는 자들에게는 환난으로 갚으시고
마25:34	그 때에 임금이 그 오른편에 있는 자들에게 이르시되 내 아버지께 복 받을 자들이여 나아와 창세로부터 너희를 위하여 예비된 나라를 상속받으라

제50문 해설

　예수님은 하늘로 승천하셨습니다. 땅에서 해야 할 일을 모두 마치셨기 때문입니다. 그렇다고 해서 우리의 구원을 위한 사역을 중단하신 것은 아닙니다. 승천하신 예수님은 하늘에서 우리의 구원을 위해서 일하십니다. 그것을 잘 보여주는 것이 "하나님 우편에 앉아 계시다가"라는 고백입니다.

　예수님이 하나님 우편에 앉아 계신다는 것은 비유입니다. 이것은 예수님의 지위를 나타내는 표현입니다. 예수님이 성부 하나님과 동등한 위치에서 세상을 통치하고 있다는 뜻입니다.

　예수님은 교회의 머리이십니다(엡1:22). 예수님이 교회의 머리라는 말은, 예수님이 교회를 통치하시고 돌보신다는 뜻입니다. 이천 년 전에 땅에서 교회를 통치하고 돌보신 예수님은, 지금은 하늘에서 지극히 높은 지위와 권세를 가지고 교회를 통치하며 돌보십니다.

제51문 해설

　예수님은 하늘에서도 우리의 구원을 위해서 일하십니다. 예수님은 크게 두 가지 일을 하십니다. 첫째, 성령을 통해 우리에게 거룩한 은사들을 부어주십니다. "오직 성령의 열매는 사랑과 희락과 화평과 오래 참음과 자비와 양선과 충성과 온유와 절제니 이같은 것을 금지할 법이 없느니라"(갈5:22-23) 둘째, 크신 권능으로 우리를 원수로부터 보호해 주십니다. "내가 그들에게 영생을 주노니 영원히 멸망하지 아니할 것이요 또 그들을 내 손에서 빼앗을 자가 없느니라"(요10:28)

제52문 해설

예수님은 살아 있는 자와 죽은 자를 심판하기 위해 재림하실 것입니다. 예수님이 재림하시는 날 크게 두 가지 일이 일어날 것입니다. 첫째, 모든 악인들이 심판을 받을 것입니다. "또 왼편에 있는 자들에게 이르시되 저주를 받은 자들아 나를 떠나 마귀와 그 사자들을 위하여 예비된 영원한 불에 들어가라"(마25:41) 둘째, 모든 신자들이 천국을 상속받을 것입니다. 그곳에서 영원한 기쁨을 누릴 것입니다. "그 때에 임금이 그 오른편에 있는 자들에게 이르시되 내 아버지께 복 받을 자들이여 나아와 창세로부터 너희를 위하여 예비된 나라를 상속받으라"(마25:34)

정리 하기

1. 승천하신 예수님이 우리의 구원을 위해 일하신다는 고백은 무엇입니까?
2. 예수님이 하늘에서 우리의 구원을 위해 하시는 일은 무엇입니까?
3. 예수님은 언제까지 하늘에 계십니까?

성령을 믿사오며

제53문 성령에 관하여 우리는 무엇을 믿습니까?

답 첫째, 성령 하나님은, 성부, 성자 하나님과 더불어
참되고 영원한 하나님이심을 믿습니다(마28:19, 행5:3-4).
둘째, 성령 하나님은 나에게도 임하셔서(고전3:16)
나로 하여금 참된 믿음으로 그리스도와 그의 모든 은혜에 참여하게 하며
(고전2:12)
나를 위로하고(행9:31)
영원히 나와 함께 하십니다(요14:16).

마28:19	그러므로 너희는 가서 모든 민족을 제자로 삼아 아버지와 아들과 성령의 이름으로 세례를 베풀고
행5:3-4	베드로가 이르되 아나니아야 어찌하여 사탄이 네 마음에 가득하여 네가 성령을 속이고 땅 값 얼마를 감추었느냐...사람에게 거짓말한 것이 아니요 하나님께로다
고전3:16	너희는 너희가 하나님의 성전인 것과 하나님의 성령이 너희 안에 계시는 것을 알지 못하느냐
고전2:12	우리가 세상의 영을 받지 아니하고 오직 하나님으로부터 온 영을 받았으니 이는 우리로 하여금 하나님께서 우리에게 은혜로 주신 것들을 알게 하려 하심이라
행9:31	그리하여 온 유대와 갈릴리와 사마리아 교회가 평안하여 든든히 서 가고 주를 경외함과 성령의 위로로 진행하여 수가 더 많아지니라
요14:16	내가 아버지께 구하겠으니 그가 또 다른 보혜사를 너희에게 주사 영원토록 너희와 함께 있게 하리니

제53문 해설

우리는 성령에 관하여 크게 두 가지를 믿습니다.

첫째, 성령이 하나님이심을 믿습니다(마28:19). 성령은 하나님의 능력이나 은사가 아닙니다. 성령은 성부, 성자와 동일하고 동등한 하나님이십니다. 성령이 하나님이라는 증거는 다음과 같습니다. 첫째, 성령이 하나님의 속성을 가지고 계시기 때문입니다. 성령은 영원하시며(히9:14), 무한하시고(시139:7), 전지하십니다(렘17:10). 둘째, 성령이 창조주이시기 때문입니다. 성령은 성부, 성자와 함께 만물을 창조하셨습니다(창1:1-2) 셋째, 성령이 구원자이시기 때문입니다. 성령은 우리를 거듭나게 하셔서 구원에 이르게 하십니다(요3:5).

둘째, 성령이 나에게 임하신 것을 믿습니다(고전3:16). 성령이 임하신 것은 열매를 통해 알 수 있습니다. 타락한 인간은 자신의 힘으로 예수님을 믿을 수 없습니다(슥4:6). 오직 성령의 능력으로만 믿음을 가질 수 있습니다. 따라서 우리가 예수님을 믿고 있다는 것은, 우리 안에 성령이 거하신다는 증거입니다.

1. 우리가 성령에 관하여 믿는 것은 무엇입니까?
2. 성령이 하나님이라는 증거는 무엇입니까?

제21주 공교회와 성도의 교제

제54문 "거룩한 공교회"에 관하여 무엇을 믿습니까?

답 나는 하나님의 아들께서(마16:18)
세상의 처음부터 마지막 날까지(사59:21)
모든 인류 가운데서 영생을 얻도록 교회를 선택하시고(창26:4)
말씀과 성령으로 불러모으고 보호하고 보존하시는 것을 믿습니다(사59:21).
나도 지금 이 교회의 살아 있는 지체이며 영원히 그러할 것을 믿습니다
(요10:28).

제55문 "성도의 교제"는 무엇을 의미합니까?

답 첫째, 모든 신자들은 그리스도의 지체로서
그리스도와 교제하며 그의 모든 부요함과 은사들을 공유합니다(롬8:32).
둘째, 각각의 신자들은 자신의 은사들을 다른 지체의 유익과 구원을 위해
기꺼이 그리고 즐거이 사용할 의무가 있습니다(빌2:2-4).

제56문 "죄를 용서받는 것"에 관해 당신은 무엇을 믿습니까?

답 하나님께서 그리스도의 속죄로 말미암아
나를 정죄하지 않음을 믿습니다(고후5:19).
오히려 하나님께서는 그리스도의 의로우심을 나에게 선물로 주셔서
결코 정죄당하지 않게 하십니다(롬8:1-2).

마16:18   또 내가 네게 이르노니 너는 베드로라 내가 이 반석 위에 내 교회를 세우리니 음부의 권세가 이기지 못하리라

사59:21   여호와께서 이르시되 내가 그들과 세운 나의 언약이 이러하니 곧 네 위에 있는 나의 영과 네 입에 둔 나의 말이 이제부터 영원하도록 네 입에서와 네 후손의 입에서와 네 후손의 후손의 입에서 떠나지 아니하리라 하시니라 여호와의 말씀이니라

창26:4   네 자손을 하늘의 별과 같이 번성하게 하며 이 모든 땅을 네 자손에게 주리니 네 자손으로 말미암아 천하 만민이 복을 받으리라

요10:28   내가 그들에게 영생을 주노니 영원히 멸망하지 아니할 것이요 또 그들을 내 손에서 빼앗을 자가 없느니라

롬8:32   자기 아들을 아끼지 아니하시고 우리 모든 사람을 위하여 내주신 이가 어찌 그 아들과 함께 모든 것을 우리에게 주시지 아니하겠느냐

빌2:2-4   마음을 같이하여 같은 사랑을 가지고 뜻을 합하며 한마음을 품어 아무 일에든지 다툼이나 허영으로 하지 말고 오직 겸손한 마음으로 각각 자기보다 남을 낫게 여기고 각각 자기 일을 돌볼뿐더러 또한 각각 다른 사람들의 일을 돌보아 나의 기쁨을 충만하게 하라

롬3:23-24   모든 사람이 죄를 범하였으매 하나님의 영광에 이르지 못하더니 그리스도 예수 안에 있는 속량으로 말미암아 하나님의 은혜로 값 없이 의롭다 하심을 얻은 자 되었느니라

롬8:1-2   그러므로 이제 그리스도 예수 안에 있는 자에게는 결코 정죄함이 없나니 이는 그리스도 예수 안에 있는 생명의 성령의 법이 죄와 사망의 법에서 너를 해방하였음이라

제54문 해설

　우리는 사도신경에서 "거룩한 공교회"를 믿는다고 고백합니다. 공교회는 보편적인 교회를 의미하고, 보편적인 교회는 모든 시대와 장소를 아우르는 교회를 의미합니다. 모든 시대와 장소를 아울러서 하나님께 구원받은 사람들의 총집합이 공교회입니다.
　공교회는 눈에 보이는 교회가 아닙니다. 하지만 우리는 공교회가 존재한다는 것을 믿으며, 우리가 공교회에 속해 있다는 것을 믿으며, 어떠한 시험과 공격에도 불구하고 공교회가 종말까지 존재할 것을 믿습니다.

제55문 해설

　성도의 교제는 세상의 교제와 다릅니다. 세상의 교제는 취미와 교양을 나누는 것이지만, 성도의 교제는 그리스도께 받은 사랑을 나누는 것입니다. 그리스도는 우리를 위해 땅으로 내려오셨고, 사람이 되셨으며, 십자가에서 죽으셨습니다. 바로 이것이 우리가 그리스도에게 받은 사랑입니다. 이 사랑을 성도들에게 나누어 주는 것이 '성도의 교제'입니다. 우리가 그리스도의 사랑을 받았기에, 성도의 교제를 나누는 것은 우리의 의무입니다.

제56문 해설

사도신경의 열한 번째 조항은 "죄를 용서받는 것"을 믿는다는 것입니다. 하나님이 우리 죄를 용서해 주시는 것은 예수님의 속죄 때문입니다. 예수님이 우리 대신 죄의 형벌을 받으셨기 때문에, 우리는 죄의 결과인 심판을 당하지 않습니다. 심지어 하나님은 우리의 죄를 기억조차 하지 않으십니다(렘31:34). 오히려 하나님은 그리스도의 의를 우리에게 전가하셔서, 우리를 의인으로 여겨주십니다.

1. 공교회는 무엇입니까?
2. 우리는 공교회에 관해 무엇을 믿습니까?
3. 세상의 교제와 성도의 교제는 어떻게 다릅니까?
4. 왜 하나님은 우리 죄를 용서하시고 기억조차 하지 않으십니까?

제22주 부활과 영생

제57문 '몸의 부활'은 당신에게 어떤 위로를 줍니까?

답 나의 영혼은
　　이 세상에서 인생을 다 살고 난 즉시
　　교회의 머리이신 예수님께로 올려질 것입니다(눅23:43).
　　그리고 나의 육신은
　　예수님의 재림 때에 부활하고,
　　영혼과 다시 결합하여
　　예수님과 같은 영광스러운 몸이 될 것입니다(고전15:20, 53).

제58문 '영생'은 당신에게 어떤 위로를 줍니까?

답 나는 지금도 이미 충분히 행복합니다(롬14:17).
　　하지만 죽음 이후에는
　　눈으로 보지 못하고, 귀로 듣지 못하고,
　　마음으로 생각지도 못했던 완전한 즐거움을,
　　하나님 곁에서 영원토록 누릴 것입니다(고전2:9).

눅23:43	예수께서 이르시되 내가 진실로 네게 이르노니 오늘 네가 나와 함께 낙원에 있으리라 하시니라
고전15:20	그러나 이제 그리스도께서 죽은 자 가운데서 다시 살아나사 잠자는 자들의 첫 열매가 되셨도다
고전15:53	이 썩을 것이 반드시 썩지 아니할 것을 입겠고 이 죽을 것이 죽지 아니함을 입으리로다
롬14:17	하나님의 나라는 먹는 것과 마시는 것이 아니요 오직 성령 안에 있는 의와 평강과 희락이라
고전2:9	기록된 바 하나님이 자기를 사랑하는 자들을 위하여 예비하신 모든 것은 눈으로 보지 못하고 귀로 듣지 못하고 사람의 마음으로 생각하지도 못하였다 함과 같으니라

제57문 해설

사도신경의 열두 번째 조항은 "몸의 부활과 영생을 믿습니다"입니다. 부활과 영생에 대한 신앙고백입니다. 먼저 몸의 부활에 대해 알아보겠습니다.

우리가 죽는 순간 몸과 영혼의 분리가 일어납니다. 의인의 영혼은 하나님 계신 낙원으로 (눅23:43), 악인의 영혼은 음부로 가게 됩니다(눅16:23). 부활이란 이렇게 각각 낙원과 음부에 있던 영혼이 원래의 몸과 결합하여 다시 살아나는 것입니다.

부활할 때 지금과 똑같은 몸으로 되살아나지 않습니다. 바울은 고린도전서 15장에서 죽지 않고, 영광스럽고, 강하고, 신령한 몸으로 부활한다고 말했습니다. 예수님처럼 영광스러운 몸으로 부활하는 것입니다.

부활 때 죽음 이전의 삶을 기억할 수 있을까요? 바울은 데살로니가전서 4장에서 먼저 죽은 성도들을 부활 때 만날 것이라고 말했습니다. 따라서 죽음은 영원한 이별이 아닙니다. 우리는 생전의 기억을 가지고 부활할 것입니다.

제58문 해설

영생에 대한 오해 중 하나는, 영생을 양적인 개념으로만 생각하는 것입니다. 무한히 오래 사는 것을 영생으로 생각하는 것입니다. 물론 영생에 양적인 개념도 있습니다. 하지만 성경이 말하는 영생은 질적인 개념이 더 강합니다. 바울은 우리가 부활한 이후에, 눈으로 보지 못하고, 귀로 듣지 못하고, 마음으로 생각지도 못했던 즐거움을 누릴 것이라고 말했습니다 (고전2:9). 그러므로 영생은 무한한 즐거움을 누리는 삶입니다. 우리는 지금도 예수님 때문에 충분히 행복합니다. 하지만 부활한 이후에는 무한한 즐거움과 기쁨을 누리게 될 것입니다.

1. 우리가 죽는 순간 어떤 일이 일어납니까?

2. 부활할 때 어떤 몸으로 되살아 납니까?

3. 부활할 때 죽기 이전을 기억할 수 있습니까?

4. 영생에 대한 오해는 무엇입니까?

5. 성경은 영생이 무엇이라고 말합니까?

오직 믿음

제59문 사도신경을 믿는 것은 당신에게 어떤 유익을 줍니까?

답 나는 하나님 앞에서 의롭게 되며, 영생을 상속받습니다(합2:4).

제60문 당신은 어떻게 하나님 앞에서 의로운 자가 됩니까?

답 오직 예수 그리스도에 대한 참된 믿음으로만 됩니다(롬3:26).
비록 내가 하나님의 계명들을 크게 어겼지만,
하나님은 그리스도께서 이루신 모든 순종을
마치 내가 직접 이룬 것처럼 여겨주십니다(고후5:21).
나는 오직 믿음으로만 이 선물을 받습니다(갈2:16).

제61문 당신은 왜 오직 믿음으로만 의롭게 된다고 말합니까?

답 나의 믿음에 어떤 가치가 있어서 하나님께서 나를 받으시는 것이 아닙니다. 오직 그리스도의 의로움과 거룩함만이 하나님 앞에서 나의 의가 됩니다. 오직 믿음으로만 이 의를 받아들여 나의 것으로 삼을 수 있습니다(롬3:21-22).

합2:4	보라 그의 마음은 교만하며 그 속에서 정직하지 못하나 의인은 그의 믿음으로 말미암아 살리라
롬3:26	곧 이 때에 자기의 의로우심을 나타내사 자기도 의로우시며 또한 예수 믿는 자를 의롭다 하려 하심이라
고후5:21	하나님이 죄를 알지도 못하신 이를 우리를 대신하여 죄로 삼으신 것은 우리로 하여금 그 안에서 하나님의 의가 되게 하려 하심이라
갈2:16	사람이 의롭게 되는 것은 율법의 행위로 말미암음이 아니요 오직 예수 그리스도를 믿음으로 말미암는 줄 알므로 우리도 그리스도 예수를 믿나니 이는 우리가 율법의 행위로써가 아니고 그리스도를 믿음으로써 의롭다 함을 얻으려 함이라 율법의 행위로써는 의롭다 함을 얻을 육체가 없느니라
롬3:21-22	이제는 율법 외에 하나님의 한 의가 나타났으니 율법과 선지자들에게 증거를 받은 것이라 곧 예수 그리스도를 믿음으로 말미암아 모든 믿는 자에게 미치는 하나님의 의니 차별이 없느니라

제59문 해설

하나님은 참된 믿음을 가진 자를 구원하십니다. 참된 믿음의 내용은 사도신경에 요약되어 있습니다. 따라서 사도신경을 믿는 자는, 참된 믿음을 가진 자입니다. 우리는 사도신경을 믿음으로써, 우리가 하나님 앞에서 의로운 자이며, 영생을 상속받을 자임을 확신할 수 있습니다.

제60문 해설

하나님 앞에서 의로운 사람이 되려면, 하나님의 율법을 모두 지켜야 합니다. 하지만 어떤 사람도 하나님의 율법을 모두 지킬 수 없습니다. 그러므로 모든 사람은 죄인입니다. 아무도 율법으로는 의인이 될 수 없습니다.

그렇다면 우리는 어떻게 의로운 사람이 될 수 있을까요? 우리가 의로운 사람이 되는 유일한 방법은, 예수님의 의로움을 '전가'받는 것입니다. 예수님은 모든 율법에 순종하셨고, 순종을 통해 의롭게 되셨습니다.

예수님의 의로움을 전가받는 방법은 믿음입니다. 믿음은 예수님의 의로움을 전가받는 통로입니다. 믿음을 통해 우리의 죄는 예수님에게 전가되고, 예수님의 의로움은 우리에게 전가됩니다(고후5:21).

제61문 해설

　믿음의 가치를 오해해서는 안 됩니다. 믿음을 통해서 의롭게 되는 것이지, 믿음 때문에 의롭게 되는 것은 아닙니다. 믿음의 가치는 예수님의 의로움을 전가받는 도구라는 데 있습니다. 우리는 예수님 때문에 의롭게 된 것이지, 믿었기 때문에 의롭게 된 것이 아닙니다.

정리하기

1. 사도신경을 믿는 것이 우리에게 주는 유익은 무엇입니까?
2. 예수님의 의로움을 전가받는 방법은 무엇입니까?
3. 믿음 때문에 의롭게 됩니까?

제24주 선행과 상급

제62문 왜 선행을 통해서는 하나님 앞에서 의로운 자가 될 수 없습니까?

답 선행으로 하나님 앞에서 의로운 자가 되고자 한다면,
모든 면에서 절대적으로 완전해야 합니다(갈3:10).
그런데 인간의 선행은 불완전하며 죄로 오염되어 있습니다(사64:6).

제63문 하나님께서 선행을 행하는 자들에게
이 세상과 다음 세상에서 상을 주시겠다고 약속하셨는데,
그래도 우리의 선행은 아무 공로가 없다고 할 수 있습니까?

답 하나님이 주시는 상은 우리가 선을 행한 것에 대한 보상이 아니라,
은혜로 주시는 선물입니다(눅17:10).

제64문 이렇게 가르치게 되면 사람들이 선을 행하는데
무관심하고 사악하게 되지 않겠습니까?

답 그럴 수 없습니다.
믿음으로 그리스도와 연합한 자들이
감사의 열매를 맺지 않는 것은 불가능합니다(요15:5, 빌2:13).

갈3:10 무릇 율법 행위에 속한 자들은 저주 아래에 있나니 기록된 바 누구든지 율법 책에 기록된 대로 모든 일을 항상 행하지 아니하는 자는 저주 아래에 있는 자라 하였음이라

사64:6 무릇 우리는 다 부정한 자 같아서 우리의 의는 다 더러운 옷 같으며 우리는 다 잎사귀 같이 시들므로 우리의 죄악이 바람 같이 우리를 몰아가나이다

눅17:10 이와 같이 너희도 명령 받은 것을 다 행한 후에 이르기를 우리는 무익한 종이라 우리가 하여야 할 일을 한 것뿐이라 할지니라

요15:5 나는 포도나무요 너희는 가지라 그가 내 안에, 내가 그 안에 거하면 사람이 열매를 많이 맺나니 나를 떠나서는 너희가 아무 것도 할 수 없음이라

빌2:13 너희 안에서 행하시는 이는 하나님이시니 자기의 기쁘신 뜻을 위하여 너희에게 소원을 두고 행하게 하시나니

제62문 해설

지난 시간에는 예수님의 의로움을 전가 받음으로써만 하나님 앞에서 의로운 자가 될 수 있다는 사실을 알아보았습니다. 그렇다면 우리의 선행을 통해 하나님 앞에서 의로운 자가 되는 것은 불가능한 일일까요? 그렇습니다. 그 이유는 다음과 같습니다.

첫째, 선행을 통해 하나님 앞에서 의로운 자가 되고자 한다면, 하나님의 율법을 하나도 빠짐없이 행해야 하기 때문입니다(갈3:10). 둘째, 우리의 눈에는 최고의 행위라도, 하나님 보시기에는 불완전하기 때문입니다(사64:6). 따라서 선행으로는 하나님 앞에서 의로운 자가 될 수 없습니다.

제63문 해설

그렇다면 "기뻐하고 즐거워하라 하늘에서 너희의 상이 큼이라"(마5:12)와 같은 말씀은 어떻게 이해해야 할까요? 상을 약속하는 말씀이 있다 할지라도, 그것이 우리의 선행에 공로가 있다고 말하는 것은 아닙니다. 하나님이 우리에게 주시는 상은, 선을 행한 것에 대한 보상이 아니라, 은혜로 주시는 선물입니다. 그래서 예수님은 이렇게 가르치셨습니다. "이와 같이 너희도 명령 받은 것을 다 행한 후에 이르기를 우리는 무익한 종이라 우리가 하여야 할 일을 한 것뿐이라 할지니라(눅17:10)".

제64문 해설

　선행으로 구원을 얻을 수 없다고 가르친다면, 사람들은 선을 행하는 일에 무관심하게 되지 않을까요? 그렇지 않습니다. 선행은 구원의 원인이 아니라 결과입니다. 선행을 행해야 구원을 받는 것이 아니라, 구원을 받아야 선행을 행할 수 있습니다. 구원받은 사람 안에 성령이 거하시기 때문입니다(빌2:13). 성령이 구원받은 사람 안에서 일하시기 때문에, 구원받은 사람은 선행을 행하지 않을 수 없습니다.

　구원받았다고 말하면서 여전히 죄를 짓는 사람은 어떻게 이해해야 할까요? 첫째, 그 사람은 참으로 구원받은 사람이 아닙니다. 성경은 그런 사람은 참된 신자가 아니라 거짓 신자라고 말합니다(요일1:6). 둘째, 그 사람은 자라나는 중입니다. 어린아이 같은 믿음을 가진 신자는 선행을 행하는 데 부족할 수 있습니다(고전3:1). 하지만 참된 신자라면 죄 가운데 계속 거할 수 없습니다. 점차 죄와 싸우며 선행을 행하게 됩니다.

정리하기

1. 왜 선행으로는 의로운 자가 될 수 없습니까?
2. 선행은 구원의 원인입니까, 결과입니까?
3. 왜 구원받은 사람은 선행을 행하게 됩니까?
4. 구원받았다고 말하면서 계속 죄를 짓는 사람은 어떻게 이해해야 합니까?

말씀과 성례

제65문 우리는 오직 믿음으로 그리스도와 그의 모든 은덕에 참여하게 되었습니다. 그렇다면 이 믿음은 어디서 오는 것입니까?

답 성령에게서 옵니다(고전12:3).
성령은 말씀으로 우리의 마음에 믿음을 일으키시고(벧전1:23, 롬10:17),
성례로 믿음을 굳세게 하십니다(고전10:16).

제66문 성례란 무엇입니까?

답 성례란 복음의 거룩한 표와 인으로
하나님께서 제정하신 것입니다.
하나님은 성례를 통해 복음이 더 충만하게 선언되고 확증되게 하셨습니다
(창17:11).
복음이란 예수님이 십자가 위에서 이루신 단번의 제사 때문에
하나님께서 우리의 죄를 완전히 용서하여 주시고,
영원한 생명을 은혜로 주신다는 것입니다(히10:10).

제67문 그렇다면 말씀과 성례는 우리의 믿음이 구원의 유일한 근거가 되시는 예수님의 십자가의 제사로 향하도록 하기 위한 것입니까?

답 참으로 그렇습니다.
우리의 구원이 예수님께서 십자가 위에서 단번에 이루신 제사에 달려 있다는 것을,
성령 하나님께서는 복음으로 가르치시고,
성례로 확증하십니다(고전11:26).

제68문 예수님이 새 언약에서 제정하신 성례에는 어떤 것이 있습니까?

답 거룩한 세례와 성찬, 두 가지입니다.

고전12:3	성령으로 아니하고는 누구든지 예수를 주시라 할 수 없느니라
벧전1:23	너희가 거듭난 것은 썩어질 씨로 된 것이 아니요 썩지 아니할 씨로 된 것이니 살아 있고 항상 있는 하나님의 말씀으로 되었느니라
롬10:17	그러므로 믿음은 들음에서 나며 들음은 그리스도의 말씀으로 말미암았느니라
고전10:16	우리가 축복하는 바 축복의 잔은 그리스도의 피에 참여함이 아니며 우리가 떼는 떡은 그리스도의 몸에 참여함이 아니냐
창17:11	너희는 포피를 베어라 이것이 나와 너희 사이의 언약의 표징이니라
히10:10	이 뜻을 따라 예수 그리스도의 몸을 단번에 드리심으로 말미암아 우리가 거룩함을 얻었노라
고전11:26	너희가 이 떡을 먹으며 이 잔을 마실 때마다 주의 죽으심을 그가 오실 때까지 전하는 것이니라

제65문 해설

우리는 믿음으로 구원을 얻습니다. 어떤 사람은 믿음을 하나님의 은혜가 아니라 자신의 공로로 생각합니다. 다른 사람이 믿지 않을 때 자신은 믿었으므로, 다른 사람과 구별되는 자신만의 공로라고 생각하는 것입니다. 이것은 잘못된 생각입니다. 우리의 믿음조차도 성령께서 주신 것이기 때문입니다(고전12:3). 성령님은 하나님의 말씀과 성례를 통해 믿음을 주십니다. 성령님은 말씀을 통해 믿음을 일으켜 주시고, 성례를 통해 믿음을 강화시켜 주십니다.

제66문 해설

성례는 무엇일까요? 첫째, 성례는 복음의 '표'입니다. 복음을 눈으로 보여준다는 뜻입니다. 둘째, 성례는 복음의 '인'입니다. 도장을 찍듯이 복음을 확실하게 깨우쳐 준다는 뜻입니다. 그렇다면 복음이란 무엇일까요? 예수님이 우리 대신 십자가에서 죽으신 것 때문에, 하나님께서 우리의 죄를 완전히 용서하여 주시고, 영생을 선물로 주신다는 것입니다.

제67문 해설

복음의 핵심은 그리스도의 십자가입니다. 따라서 말씀과 성례는 그리스도의 십자가에 초점을 두어야 합니다. 말씀과 성례의 공통점은 우리의 믿음을 그리스도의 십자가로 향하게 한다는 것입니다. 말씀과 성례의 차이점은 첫째, 말씀은 복음을 귀로 들려주고, 성례는 복음을 눈으로 보여줍니다. 둘째, 말씀은 믿음을 일으키고, 성례는 믿음을 굳세게 합니다.

제68문 해설

구약의 성례는 할례와 유월절입니다. 할례는 아브라함 때 제정되었고, 유월절은 출애굽 때 제정되었습니다. 할례는 하나님의 백성으로 가입하는 것을 의미하고, 유월절은 어린양의 피를 통한 구원을 의미합니다. 신약에 들어와서 할례는 세례로 대체되었고 유월절은 성찬으로 대체되었습니다.

1. 왜 믿음을 자신의 공로로 여겨서는 안 됩니까?
2. 왜 성례를 복음의 표라고 합니까?
3. 왜 성례를 복음의 인이라고 합니까?
4. 복음의 핵심은 무엇입니까?
5. 말씀과 성례의 차이점은 무엇입니까?

거룩한 세례

제69문 그리스도께서 십자가 위에서 이루신 단번의 제사가
당신에게 유익이 됨을 거룩한 세례에서 어떻게 깨닫고 확신합니까?

답 그리스도께서 물로 씻는 세례를 통해,
그의 피와 성령으로 나의 영혼의 더러운 것,
곧 나의 모든 죄가 씻겨짐을 약속하셨습니다(막1:4).

제70문 그리스도의 피와 성령으로 씻겨진다는 것은 무슨 뜻입니까?

답 그리스도의 피로 씻겨진다는 것은
십자가의 제사에서 우리를 위해 흘린 그리스도의 피로 말미암아
우리가 은혜로 하나님께 죄 사함 받았음을 의미합니다(엡1:7).
성령으로 씻겨진다는 것은
우리가 성령으로 새롭게 되어
점점 더 죄에 대하여 죽고
거룩하고 흠이 없는 삶을 사는 것을 의미합니다(고전6:11).

제71문 그리스도께서 자신의 보혈과 성령으로 우리를 씻어주신다는 약속을 언제 하셨습니까?

답 세례를 제정하실 때 하셨습니다.
"믿고 세례를 받는 사람은 구원을 얻을 것이요 믿지 않는 사람은 정죄를 받으리라"(막16:16)
이것은 또한 성경이 세례를 가리켜 죄를 씻음이라고 부르는 데서도 거듭 나타납니다(행22:16).

막1:4	세례 요한이 광야에 이르러 죄 사함을 받게 하는 회개의 세례를 전파하니
엡1:7	우리는 그리스도 안에서 그의 은혜의 풍성함을 따라 그의 피로 말미암아 속량 곧 죄 사함을 받았느니라
고전6:11	너희 중에 이와 같은 자들이 있더니 주 예수 그리스도의 이름과 우리 하나님의 성령 안에서 씻음과 거룩함과 의롭다 하심을 받았느니라
막16:16	믿고 세례를 받는 사람은 구원을 얻을 것이요 믿지 않는 사람은 정죄를 받으리라
행22:16	이제는 왜 주저하느냐 일어나 주의 이름을 불러 세례를 받고 너의 죄를 씻으라 하더라

제69문 해설

세례는 물로 씻는 의식입니다. 초기에는 물속으로 완전히 들어가는 침례가 일반적이었지만, 점차 물을 뿌리는 방식이 보편화 되었습니다. 세례는 하나님께서 그리스도의 보혈과 성령을 통해 우리 영혼의 더러운 것들, 즉 우리의 모든 죄를 깨끗하게 씻어주셨음을 보여줍니다.

제70문 해설

그리스도의 보혈로 씻겨진다는 것은, 예수님이 십자가에서 흘리신 피로 인해 하나님께서 우리의 죄를 용서하시고 우리를 의롭게 여기신다는 것입니다. 성령으로 씻겨진다는 것은, 우리 안에 거하시는 성령님으로 인해 우리가 점점 죄를 미워하는 깨끗한 사람으로 변화되어 간다는 것입니다. 종합하면 하나님은 예수님을 통해 우리를 의롭게 하시고, 성령님을 통해 우리를 거룩하게 하십니다.

제71문 해설

예수님은 승천하시기 직전에 세례를 제정하셨습니다. 예수님은 세례를 제정하시면서 세 가지를 명령하셨습니다. 첫째, 제자에게 세례를 주라고 하셨습니다. 따라서 세례는 예수님을 믿는 자들에게만 행해야 합니다. 둘째, 삼위 하나님의 이름으로 세례를 주라고 하셨습니다. 따라서 세례는 삼위 하나님의 백성으로 가입하는 것을 의미합니다. 셋째, 예수님의 명령을 가르치고 지키라고 하셨습니다. 따라서 세례를 받은 자는 이전의 삶을 버리고 예수님의 제자로서의 삶을 살아야 합니다.

1. 세례가 보여주는 것은 무엇입니까?
2. 그리스도의 보혈로 씻겨진다는 것은 무엇입니까?
3. 성령으로 씻겨진다는 것은 무엇입니까?
4. 예수님은 언제 세례를 제정하셨습니까?

물세례와 유아세례

제72문 세례의 물로 씻는 것 자체가 죄를 씻어내는 것입니까?

답 아닙니다.
오직 예수 그리스도의 피와 성령만이 우리의 모든 죄를 씻어줍니다(고전6:11).

제73문 그렇다면 성경이 세례를 가리켜
"죄를 씻음"이라고 말하는 이유는 무엇입니까?

답 하나님께서 그렇게 말씀하신 것은
몸의 더러운 것이 물로 씻겨지듯이,
우리의 죄가 그리스도의 피와 성령으로 없어짐을 가르치기 위함입니다
(행22:16).
더 나아가서 우리의 죄가 영적으로 씻겨졌음을 확신시키기 위함입니다
(갈3:27).

제74문 유아들도 세례를 받아야 합니까?

답 그렇습니다.
유아들도 어른들과 마찬가지로 하나님의 언약에 속하였고(창17:7,10),
성령을 약속받았기 때문입니다(행2:38-39).
그러므로 유아들도 언약의 표인 세례를 통해 교회에 가입되어야 하며,
불신자의 자녀와 구별되어야 합니다.
이런 일이 구약에서는 할례를 통해 이루어졌으나,
신약에서는 세례를 통해 이루어집니다(창17:14).

고전6:11	너희 중에 이와 같은 자들이 있더니 주 예수 그리스도의 이름과 우리 하나님의 성령 안에서 씻음과 거룩함과 의롭다 하심을 받았느니라
행22:16	일어나 주의 이름을 불러 세례를 받고 너의 죄를 씻으라
갈3:27	누구든지 그리스도와 합하기 위하여 세례를 받은 자는 그리스도로 옷 입었느니라
창17:7,10	내가 내 언약을 나와 너 및 네 대대 후손 사이에 세워서 영원한 언약을 삼고 너와 네 후손의 하나님이 되리라...너희 중 남자는 다 할례를 받으라 이것이 나와 너희와 너희 후손 사이에 지킬 내 언약이니라
행2:38-39	베드로가 이르되 너희가 회개하여 각각 예수 그리스도의 이름으로 세례를 받고 죄 사함을 받으라 그리하면 성령의 선물을 받으리니 이 약속은 너희와 너희 자녀와 모든 먼 데 사람 곧 주 우리 하나님이 얼마든지 부르시는 자들에게 하신 것이라 하고
창17:14	할례를 받지 아니한 남자 곧 그 포피를 베지 아니한 자는 백성 중에서 끊어지리니 그가 내 언약을 배반하였음이니라

제72문 해설

세례는 예수님의 피와 성령으로 우리의 죄가 깨끗이 씻겨졌음을 상징하는 의식입니다. 세례 자체에 죄를 씻는 능력이 있는 것은 아닙니다. 만약 세례 자체에 죄를 씻는 능력이 있다면, 세례를 받은 사람은 모두 구원을 받아야 할 것입니다. 하지만 성경에는 세례를 받고도 멸망한 자들이 여럿 등장합니다. 아나니아와 삽비라, 마술사 시몬이 대표적입니다.

로마 교회는 세례 자체에 죄를 씻는 능력이 있다고 믿습니다. 사도행전 22장 16절과 같은 말씀을 잘못 해석한 결과입니다. 이러한 말씀은 세례 자체에 죄를 씻는 능력이 있다고 말하는 것이 아닙니다. 세례가 죄를 씻음을 상징하는 표라는 의미입니다(벧전3:21). 우리를 모든 죄에서 깨끗하게 하는 것은 세례가 아니라, 그리스도의 피와 성령의 역사입니다. "주 예수 그리스도의 이름과 우리 하나님의 성령 안에서 씻음과 거룩함과 의롭다 하심을 받았느니라"(고전6:11)

제73문 해설

세례 자체에 죄를 씻는 능력이 없는데도, 세례를 두고 "죄를 씻음"이라고 말하는 이유는 무엇일까요(행22:16)? 크게 두 가지입니다. 첫째, 세례가 가르쳐 주기 때문입니다. 세례는 우리의 모든 죄가 그리스도의 피와 성령으로 깨끗하게 함을 가르쳐 줍니다. 둘째, 확신시켜 주기 때문입니다. 우리는 세례 의식을 통해 우리가 모든 죄에서 깨끗하게 되었음을 확신하게 됩니다. 이 두 가지 이유로 세례를 "죄를 씻음"이라고 말하는 것입니다. 비록 세례에 죄를 씻는 기능은 없을지라도, 가르치는 기능과 확신하는 기능이 있기에 세례를 두고 죄를 씻음이라고 말하는 것입니다.

제74문 해설

세례에 죄를 씻는 능력이 없음에도 불구하고 굳이 유아에게 세례를 주어야 할까요? 이 질문은 유아세례를 반대하는 자들 때문에 중요합니다. 우리는 유아에게도 반드시 세례를 주어야 한다고 믿습니다. 그것이 하나님의 명령이기 때문입니다.

할례와 세례는 둘 다 교회에 가입하는 의식입니다. 세상과 구별되는 하나님의 백성이 되겠다는 의식이 구약에서는 할례로 행해졌고, 신약에서는 세례로 행해집니다. 하나님은 유아도 할례를 받아야 한다고 말씀하셨으므로(창17:10), 유아도 세례를 받는 것이 마땅합니다.

나아가 성령을 보내신다는 약속에는 성도의 자녀도 포함되어 있습니다. "너희가 회개하여 각각 예수 그리스도의 이름으로 세례를 받고 죄 사함을 받으라 그리하면 성령의 선물을 받으리니 이 약속은 너희와 너희 자녀와 모든 먼 데 사람 곧 주 우리 하나님이 얼마든지 부르시는 자들에게 하신 것이라(행2:38~39)" 우리는 유아의 믿음이 아니라, 하나님의 약속에 근거하여 유아에게 세례를 시행합니다.

정리하기

1. 세례에 죄를 씻는 능력이 있습니까?
2. 세례에 죄를 씻는 능력이 없는데도, 세례를 "죄를 씻음"이라고 하는 이유는 무엇입니까?
3. 유아에게 세례를 주는 성경적 근거는 무엇입니까?
4. 우리는 무엇에 근거하여 유아에게 세례를 줍니까?

성찬의 의미

제75문 우리는 성찬에서 무엇을 확실하게 깨닫습니까?

답 첫째, 나를 위해 빵이 찢어지고 포도주가 부어지는 것처럼,
그리스도는 나를 위해 십자가에서 살을 찢으시고 피를 쏟으셨습니다.
둘째, 내가 빵과 포도주를 입으로 먹는 것처럼,
그리스도는 십자가에 달리신 몸과 흘리신 피로써
나의 영혼을 영생에 이르도록 먹이십니다.

제76문 우리는 그리스도를 어떻게 먹습니까?

답 우리는 믿음으로 예수님을 먹습니다(요6:35).
우리는 예수님이 영생을 주신다는 것과(요6:51),
우리가 예수님과 성령으로 연합되어 있음을 믿어야 합니다(요일4:13).
우리는 예수님과 영적으로 한 몸이기 때문에 영원히 살 것입니다(요6:57).

제77문 그리스도께서 자신의 살과 피로 우리를 먹이신다는 약속을 언제 하셨습니까?

답 성찬을 제정하실 때 약속하셨습니다(눅22:19-20).
이 약속은 바울 사도에 의해서도 다시 확인됩니다.
"우리가 축복하는 바 축복의 잔은 그리스도의 피에 참여함이 아니며
우리가 떼는 떡은 그리스도의 몸에 참여함이 아니냐
떡이 하나요 많은 우리가 한 몸이니
이는 우리가 다 한 떡에 참여함이라"(고전10:16-17)

요6:35	예수께서 이르시되 나는 생명의 떡이니 내게 오는 자는 결코 주리지 아니할 터이요 나를 믿는 자는 영원히 목마르지 아니하리라
요6:51	나는 하늘에서 내려온 살아 있는 떡이니 사람이 이 떡을 먹으면 영생하리라 내가 줄 떡은 곧 세상의 생명을 위한 내 살이니라 하시니라
요일4:13	그의 성령을 우리에게 주시므로 우리가 그 안에 거하고 그가 우리 안에 거하시는 줄을 아느니라
요6:57	살아 계신 아버지께서 나를 보내시매 내가 아버지로 말미암아 사는 것 같이 나를 먹는 그 사람도 나로 말미암아 살리라
마26:26-28	그들이 먹을 때에 예수께서 떡을 가지사 축복하시고 떼어 제자들에게 주시며 이르시되 받아서 먹으라 이것은 내 몸이니라 하시고 또 잔을 가지사 감사 기도 하시고 그들에게 주시며 이르시되 너희가 다 이것을 마시라 이것은 죄 사함을 얻게 하려고 많은 사람을 위하여 흘리는 바 나의 피 곧 언약의 피니라

제75문 해설

　성찬은 두 가지를 통해 우리 구원의 확실함을 깨우쳐 줍니다. 첫째, 보는 것을 통해 확실하게 합니다. 성찬의 빵은 십자가에서 찢어진 예수님의 살을 상징하고, 성찬의 포도주는 십자가에서 흘리신 예수님의 피를 상징합니다. 우리가 성찬의 빵과 포도주를 눈으로 보는 것이 확실한 것처럼, 예수님이 우리를 위해 십자가에서 죽으신 것도 확실합니다.

　둘째, 먹는 것을 통해 확실하게 합니다. 우리가 성찬의 빵과 포도주를 먹는 것이 확실한 것처럼, 예수님이 우리를 영생에 이르도록 먹이는 것도 확실합니다

제76문 해설

　예수님의 살과 피를 먹는 것은 어떤 의미일까요? 음식을 먹는 것처럼 육적으로 먹는 것이 아니라, 영적으로 먹는 것을 의미합니다. 예수님을 영적으로 먹는 것은, 예수님을 믿음으로써 예수님의 공로를 받아들이는 것입니다. 성찬이 나타내는 예수님의 공로는 크게 두 가지입니다. 첫째, '영생'입니다. 예수님은 자신이 영생을 주는 빵이라고 하셨습니다. 우리는 빵과 포도주가 생명을 주듯이, 예수님이 영생을 주시는 것을 믿습니다. 둘째, '영적 연합'입니다. 예수님은 성령을 통해 신자 안에 거하신다고 하셨습니다. 우리는 빵과 포도주와 한 몸이 되듯이, 예수님과 영적으로 한 몸임을 믿습니다.

제77문 해설

성찬을 제정하신 분은 예수님입니다. 예수님은 마지막 유월절에 성찬을 제정하셨습니다. 그때부터 유월절은 폐지되고 성찬이 시작되었습니다. 짐승이 피를 흘리는 구약의 성례가 폐지되고, 피 흘림이 없는 새로운 성례가 시작되었습니다. 우리의 몸은 빵과 음료로부터 영양을 공급받습니다. 마찬가지로 우리의 영혼은 예수님으로부터 영생을 공급받습니다. 성찬은 바로 이 사실을 보여줍니다. 그래서 성찬은 중단되어서는 안 됩니다. 예수님이 다시 오실 때까지 계속해서 시행되어야 합니다(고전11장).

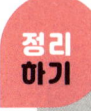

1. 성찬은 무엇을 통해 우리 구원의 확실함을 깨우쳐 줍니까?
2. 예수님을 영적으로 먹는 것은 어떤 뜻입니까?
3. 성찬이 보여주는 예수님의 공로는 무엇입니까?
4. 예수님은 언제 성찬을 제정하셨습니까?

제29주 성찬의 본질

제78문 빵과 포도주가 그리스도의 실제 몸과 피로 변합니까?

답 그렇지 않습니다.
세례의 물이 그리스도의 피로 변화되지 않고(엡5:26),
그 자체로 죄를 씻지 못합니다.
단지 하나님께서 정하신 표와 인일뿐입니다.
마찬가지로 성례의 빵과 포도주가
그리스도의 실제 몸으로 변화되는 것은 아닙니다(고전11:26).

제79문 그렇다면 왜 그리스도는 빵을 그의 몸이라고 하시고,
잔을 그의 피라고 하셨습니까?(마26:26-28)

답 빵과 포도주가 육신의 생명을 유지시키듯이
십자가에 달리신 그리스도의 몸과 흘리신 피가
우리 영혼을 영생으로 이끄는 참된 양식과 음료라는 사실을
가르치신 것입니다(요6:51).
더 나아가서 그리스도는 성례를 통해 다음을 확신시키려 하셨습니다.
첫째, 우리가 빵과 포도주를 실제로 먹는 것처럼,

성령에 의해 실제로 그리스도의 몸과 피에 참여합니다(고전10:16).
둘째, 그리스도의 고난과 순종이 우리의 것이 되기에,
우리가 직접 고난을 당하고 죗값을 치른 것과 같습니다(롬6:8-9).

엡5:26	이는 곧 물로 씻어 말씀으로 깨끗하게 하사 거룩하게 하시고
고전11:26	너희가 이 떡을 먹으며 이 잔을 마실 때마다 주의 죽으심을 그가 오실 때까지 전하는 것이니라
마26:26-28	그들이 먹을 때에 예수께서 떡을 가지사 축복하시고 떼어 제자들에게 주시며 이르시되 받아서 먹으라 이것은 내 몸이니라 하시고 또 잔을 가지사 감사 기도 하시고 그들에게 주시며 이르시되 너희가 다 이것을 마시라 이것은 죄 사함을 얻게 하려고 많은 사람을 위하여 흘리는 바 나의 피 곧 언약의 피니라
요6:51	나는 하늘에서 내려온 살아 있는 떡이니 사람이 이 떡을 먹으면 영생하리라 내가 줄 떡은 곧 세상의 생명을 위한 내 살이니라 하시니라
고전10:16	우리가 축복하는 바 축복의 잔은 그리스도의 피에 참여함이 아니며 우리가 떼는 떡은 그리스도의 몸에 참여함이 아니냐
롬6:8-9	만일 우리가 그리스도와 함께 죽었으면 또한 그와 함께 살 줄을 믿노니 이는 그리스도께서 죽은 자 가운데서 살아나셨으매 다시 죽지 아니하시고 사망이 다시 그를 주장하지 못할 줄을 앎이로라

제78문 해설

로마 교회는 성찬의 빵과 포도주가 실제 예수님의 살과 피로 변한다고 주장합니다. 이것을 화체설이라고 합니다. 그리고 성찬의 빵과 포도주 안에 은혜의 요소가 내재되어 있어서, 성찬에 참여하기만 하면 은혜를 받는다고 주장합니다. 이것을 주입설이라고 합니다. 화체설과 주입설은 성경적인 주장이 아닙니다. 예수님은 자신을 생명의 떡이라고 하시면서, 자신을 믿어야만 구원을 얻는다고 하셨습니다(요6:47~48). 따라서 빵과 포도주가 실제 예수님의 살과 피로 변하거나, 빵과 포도주 안에 은혜가 내재되어 있는 것이 아닙니다. 예수님을 영생을 주시는 분으로 믿어야 구원을 얻습니다.

제79문 해설

그렇다면 왜 예수님은 성찬의 빵과 포도주를 자신의 살과 피라고 하셨을까요? 예수님은 우리에게 두 가지를 확신시키고자 하셨습니다. 첫째, 우리가 빵과 포도주를 먹을 때 그것들과 육적으로 한 몸이 되는 것처럼, 우리가 성령에 의해 예수님과 영적으로 한 몸이라는 사실입니다. 둘째, 우리가 예수님과 영적으로 한 몸이기에, 예수님이 십자가에서 죽으신 것은 마치 우리가 하나님께 형벌 받아 죽은 것과 같다는 사실입니다.

1. 화체설은 무엇입니까?

2. 예수님이 성찬을 통해 확신시키고자 하신 것은 무엇입니까?

제30주 성찬의 올바른 이해와 참여

제80문 성찬과 로마 교회의 미사는 어떻게 다릅니까?

답 우리는 성찬을 통해 다음의 사실들을 확인합니다.
첫째, 그리스도가 십자가에서 자신의 몸으로 드린 제사를 통해
우리의 모든 죄가 완전히 해결되었음을 확인합니다(히7:27).
둘째, 그리스도는 하늘에 계시지만(막16:19)
성령의 능력으로 그리스도와 우리가 연합됨을 확인합니다(고전6:17).

그러나 로마 교회는 다음과 같이 가르칩니다.
첫째, 그리스도가 십자가에서 드린 제사는 부족하기에,
지금도 사제들에 의해 미사라는 이름의 제사가 드려져야 한다고 가르칩니다.
둘째, 그리스도가 빵과 포도주의 형체 속에 몸으로 존재하기 때문에
그 안에서 경배를 받아야 한다고 가르칩니다.
그러므로 미사는 그리스도가 단번에 이루신 구원의 공로를 부인하는 것으로
저주받을 우상숭배입니다(히10:12).

제81문 누가 성찬에 참여할 수 있습니까?

답 첫째, 자신의 죄 때문에 슬퍼하는 사람입니다(고전11:28).

둘째, 그리스도의 고난과 죽음에 의해 자신의 죄가 용서받았음을 믿는 사람입니다(고전11:26).

셋째, 자신의 믿음이 더욱 강해지고, 더욱 거룩하게 살기를 소원하는 사람입니다(요6:55).

그러므로 회개하지 않은 자가 성찬에 참여하는 것은
자기가 받을 심판을 먹고 마시는 것입니다(고전11:29-30).

히7:27　그는 저 대제사장들이 먼저 자기 죄를 위하고 다음에 백성의 죄를 위하여 날마다 제사 드리는 것과 같이 할 필요가 없으니 이는 그가 단번에 자기를 드려 이루셨음이라

막16:19　주 예수께서 말씀을 마치신 후에 하늘로 올려지사 하나님 우편에 앉으시니라

고전6:17　주와 합하는 자는 한 영이니라

히10:12　오직 그리스도는 죄를 위하여 한 영원한 제사를 드리시고 하나님 우편에 앉으사

고전11:28　사람이 자기를 살피고 그 후에야 이 떡을 먹고 이 잔을 마실지니

고전11:26　너희가 이 떡을 먹으며 이 잔을 마실 때마다 주의 죽으심을 그가 오실 때까지 전하는 것이니라

요6:55　내 살은 참된 양식이요 내 피는 참된 음료로다

고전11:29-30　주의 몸을 분별하지 못하고 먹고 마시는 자는 자기의 죄를 먹고 마시는 것이니라 그러므로 너희 중에 약한 자와 병든 자가 많고 잠자는 자도 적지 아니하니

제80문 해설

성찬이 나타내는 진리는 크게 두 가지입니다. 첫째, 십자가에서 찢겨진 예수님의 살과 십자가에서 흘리신 예수님의 피로 인해 우리의 죄가 단번에, 그리고 완전히 해결되었다는 것입니다. 둘째, 비록 예수님은 하늘에 계시고 우리는 땅에 있지만, 성령의 능력으로 예수님과 우리가 영적으로 연합되어 있다는 것입니다.

제사를 의미하는 로마 교회의 미사는 이 두 가지를 정면으로 부인합니다. 첫째, 그들은 사제가 행하는 미사에 반복해서 참여해야만 예수님이 십자가에서 이루신 공로에 참여할 수 있다고 가르칩니다. 둘째, 로마 교회는 예수님의 몸이 하늘에 계시지 않고 빵과 포도주 안에 존재한다고 가르칩니다.

로마 교회의 주장은 성경적이지 않습니다. 첫째, 성경은 신자들의 죄가 예수님의 고난과 죽음을 통해 단번에 해결되었다고 가르칩니다. "대제사장들이 먼저 자기 죄를 위하고 다음에 백성의 죄를 위하여 날마다 제사 드리는 것과 같이 할 필요가 없으니 이는 그가 단번에 자기를 드려 이루셨음이라"(히7:27) 둘째, 성경은 예수님이 땅이 아니라 하늘, 즉 하나님 우편에 계신다고 말합니다. "주 예수께서 말씀을 마치신 후에 하늘로 올려지사 하나님 우편에 앉으시니라"(막16:19)

제81문 해설

고린도교회는 자격 없는 자들에게 성찬을 베풀었습니다. 그 결과 하나님의 심판이 임했습니다. 많은 사람이 병들었고, 심지어 죽기도 했습니다. "그러므로 너희 중에 약한 자와 병든 자가 많고 잠자는 자도 적지 아니하니"(고전11:30) 그렇다면 누가 성찬에 참여할 수 있을까요?

첫째, 자신의 죄를 슬퍼하는 사람입니다. "사람이 자기를 살피고 그 후에야 이 떡을 먹고 이 잔을 마실지니"(고전11:28) 바울은 자신을 살핀 다음에 성찬에 참여하라고 가르쳤습니다. 이것은 자신의 마음과 말과 행동을 점검해 보라는 것입니다. 자신이 지은 죄를 생각하고, 회개하라는 것입니다.

둘째, 자신의 죄가 용서받았음을 아는 사람입니다. "너희가 이 떡을 먹으며 이 잔을 마실 때마다 주의 죽으심을 그가 오실 때까지 전하는 것이니라"(고전11:26) 바울은 성찬이 주의 죽으심을 전하는 것이라고 가르쳤습니다. 성찬에는 예수님의 죽음 때문에 우리의 죄가 모두 해결되었음을 가르치는 기능이 있습니다. 따라서 성찬에 참여하는 사람은, 예수님이 십자가에서 드린 제사 때문에 자신의 죄가 모두 용서받았음을 믿는 믿음이 있어야 합니다.

셋째, 성찬을 통해 은혜받아, 거룩하게 살기를 원하는 사람입니다. "내 살은 참된 양식이요 내 피는 참된 음료로다"(요6:55) 성찬은 단지 예수님을 기념하기만 하는 것이 아닙니다. 예수님이 영적으로 임재하셔서 우리에게 실제로 은혜를 주십니다. 따라서 성찬에 참여하는 사람은, 성찬을 통해 은혜받고, 거룩하게 살기를 소원해야 합니다.

정리하기

1. 성찬이 나타내는 진리 두 가지는 무엇입니까?
2. 어떤 사람이 성찬에 참여할 수 있습니까?

제31주 천국의 열쇠

제82문 믿음이 없거나 경건치 않은 자도 성찬에 참여할 수 있습니까?

답 그럴 수 없습니다.
하나님은 자격 없는 자가 성찬에 참여하는 것에 진노하십니다 (고전11:29-30).
그러므로 교회는 천국의 열쇠를 사용하여
그러한 자들이 합당한 자격을 갖출 때까지 성찬에서 제외시켜야 합니다.

제83문 천국의 열쇠는 무엇입니까?

답 복음 선포와 교회의 권징입니다.
이 두 가지를 통하여 믿는 자에게는 천국이 열리고,
믿지 않는 자에게는 닫힙니다 (마16:18-19).

제84문 복음 선포를 통해 어떻게 천국의 문이 열리고 닫힙니까?

답 복음을 선포할 때
이 복음을 믿는 자에게는 천국이 열리고
믿지 않는 자에게는 천국이 닫힙니다(요3:17-18).

제85문 교회의 권징을 통해 어떻게 천국의 문이 열리고 닫힙니까?

답 교회는 악한 자들을 출교함으로써 그들에게 천국의 문을 닫고(마18:15-18),
그들이 출교를 통해 진심으로 회개하게 함으로써 천국의 문을 엽니다
(고전5:5).

고전11:29-30   주의 몸을 분별하지 못하고 먹고 마시는 자는 자기의 죄를 먹고 마시는 것이니라 그러므로 너희 중에 약한 자와 병든 자가 많고 잠자는 자도 적지 아니하니

마16:18-19   또 내가 네게 이르노니 너는 베드로라 내가 이 반석 위에 내 교회를 세우리니 음부의 권세가 이기지 못하리라 내가 천국 열쇠를 네게 주리니 네가 땅에서 무엇이든지 매면 하늘에서도 매일 것이요 네가 땅에서 무엇이든지 풀면 하늘에서도 풀리리라 하시고

요3:17-18   하나님이 그 아들을 세상에 보내신 것은 세상을 심판하려 하심이 아니요 그로 말미암아 세상이 구원을 받게 하려 하심이라 그를 믿는 자는 심판을 받지 아니하는 것이요 믿지 아니하는 자는 하나님의 독생자의 이름을 믿지 아니하므로 벌써 심판을 받은 것이니라

마18:15-18   네 형제가 죄를 범하거든 가서 너와 그 사람과만 상대하여 권고하라 만일 들으면 네가 네 형제를 얻은 것이요 만일 듣지 않거든 한두 사람을 데리고 가서 두세 증인의 입으로 말마다 확증하게 하라 만일 그들의 말도 듣지 않거든 교회에 말하고 교회의 말도 듣지 않거든 이방인과 세리와 같이 여기라 진실로 너희에게 이르노니 무엇이든지 너희가 땅에서 매면 하늘에서도 매일 것이요 무엇이든지 땅에서 풀면 하늘에서도 풀리리라

고전5:5   이런 자를 사탄에게 내주었으니 이는 육신은 멸하고 영은 주 예수의 날에 구원을 받게 하려 함이라

제82문 해설

아무나 성찬에 참여해서는 안 됩니다. 성찬에 참여하는 것을 개인적으로 점검하고 공적으로도 점검해야 합니다. 만약 믿음이 없고 방탕한 자가 성찬에 참여하려고 한다면, 교회는 그들을 징계하여 성찬에 참여하지 못하도록 막아야 합니다. 교회가 자격 없는 자들의 성찬 참여를 제한하는 도구를 "천국의 열쇠"라고 합니다.

제83문 해설

교회는 천국의 열쇠를 사용하여, 성찬의 거룩성을 유지해야 합니다. 천국의 열쇠라는 표현은 예수님이 베드로에게 하신 말씀에서 나왔습니다. "내가 천국 열쇠를 네게 주리니 네가 땅에서 무엇이든지 매면 하늘에서도 매일 것이요 네가 땅에서 무엇이든지 풀면 하늘에서도 풀리리라"(마16:19). 로마 교회는 예수님이 베드로에게 천국의 열쇠를 주셨고, 베드로는 제1대 교황이므로, 천국의 열쇠를 사용할 권한이 교황에게 있다고 주장합니다. 하지만 이어지는 구절을 보면 예수님은 천국의 열쇠를 베드로 개인이 아니라 제자들에게 주셨음을 알 수 있습니다(마18:18). 예수님의 제자들은 교회의 초기 멤버였으므로, 천국의 열쇠를 사용할 권한은 교회에게 있습니다. 교회가 천국의 열쇠를 사용하는 방법은 두 가지입니다. 첫째, 거룩한 복음의 설교. 둘째, 교회의 권징입니다.

제84문 해설

교회는 복음 설교를 통해 천국의 문을 여닫습니다. 예수님은 복음을 믿는 자에게는 구원이 있고, 믿지 않는 자에게는 심판이 있다고 말씀하셨습니다(요3:17-18). 복음을 믿는 자에게는 천국의 문이 열리고 그렇지 않은 자에게는 천국의 문이 닫힙니다.

제85문 해설

　　교회는 권징을 통해 천국의 문을 여닫습니다. 권징은 권선징악의 줄임말로, 선을 권하고 악을 벌한다는 뜻입니다. 만약 신자가 말씀대로 살기를 거부한다면, 교회는 신자를 권징할 수 있습니다. 예수님은 교회가 정당한 절차를 거쳐 악을 행하는 자를 권징하면, 하늘에서도 그 권징을 인정하신다고 하셨습니다(마18:15-18). 예수님께서 교회에 권징의 권한을 주신 이유는 다음과 같습니다.

　첫째, 교회의 거룩함을 유지하기 위해서입니다. 교회가 죄를 방치하면 마치 누룩처럼 온 교회에 퍼질 것이기 때문입니다(갈5:9). 둘째, 성도 개인의 거룩을 위해서입니다. 성경은 권징의 목적이 심판이 아니라 회복에 있다고 말합니다(고전5:5). 권징을 통해 회개하는 자에게는 천국의 문이 열립니다. 셋째, 하나님의 이름을 거룩하게 하기 위해서입니다. 악을 행하는 자들을 교회 공동체에서 분리함으로써 하나님의 이름을 거룩하게 할 수 있습니다. 다만 교회의 권징은 영적인 범위에 국한되어야 합니다. 교회가 가진 권위는 세속적인 권위와 다르기 때문입니다. 교회는 신체를 속박하는 세속적인 방법 대신, 영적인 제한만을 가해야 합니다.

정리하기

1. 교회가 자격 없는 자들의 성찬 참여를 제한하는 도구를 무엇이라고 합니까?
2. 예수님은 천국 열쇠의 권한을 누구에게 주셨습니까?
3. 천국의 열쇠는 무엇입니까?
4. 복음이 선포될 때 어떤 일이 일어납니까?
5. 권징의 목적은 무엇입니까?

선행에 관하여

제86문 우리가 구원을 받은 것은 선행이 아니라 그리스도의 은혜 때문입니다.
그럼에도 왜 우리는 선행을 행해야만 합니까?

답 그리스도께서 우리를 구원하시고(요15:5),
그의 성령으로 우리를 새롭게 하시기 때문입니다(엡2:10).
이것은 우리가 하나님의 은혜에 감사하고(롬12:1),
우리의 구원을 확신하며(요일3:14),
우리의 이웃들을 그리스도께 인도하기 위함입니다(마5:16, 벧전3:1-2).

제87문 감사와 회개가 없는 삶을 살면서
하나님께로 돌이키지 않는 사람들도 구원을 얻을 수 있습니까?

답 결코 구원을 받을 수 없습니다.
성경은 음란한 자, 우상 숭배자, 간음하는 자, 도둑질하는 자,
탐욕을 부리는 자, 술 취하는 자, 욕하는 자, 강도질하는 자,
그리고 그와 같은 일을 하는 자들은
하나님 나라를 유업으로 받지 못한다고 말합니다(고전6:9-10).

요15:5	나는 포도나무요 너희는 가지라 그가 내 안에, 내가 그 안에 거하면 사람이 열매를 많이 맺나니 나를 떠나서는 너희가 아무 것도 할 수 없음이라
엡2:10	우리는 그가 만드신 바라 그리스도 예수 안에서 선한 일을 위하여 지으심을 받은 자니 이 일은 하나님이 전에 예비하사 우리로 그 가운데서 행하게 하려 하심이니라
롬12:1	그러므로 형제들아 내가 하나님의 모든 자비하심으로 너희를 권하노니 너희 몸을 하나님이 기뻐하시는 거룩한 산 제물로 드리라 이는 너희가 드릴 영적 예배니라
요일3:14	우리는 형제를 사랑함으로 사망에서 옮겨 생명으로 들어간 줄을 알거니와 사랑하지 아니하는 자는 사망에 머물러 있느니라
마5:16	이같이 너희 빛이 사람 앞에 비치게 하여 그들로 너희 착한 행실을 보고 하늘에 계신 너희 아버지께 영광을 돌리게 하라
벧전3:1-2	아내들아 이와 같이 자기 남편에게 순종하라 이는 혹 말씀을 순종하지 않는 자라도 말로 말미암지 않고 그 아내의 행실로 말미암아 구원을 받게 하려 함이니 너희의 두려워하며 정결한 행실을 봄이라
고전6:9-10	불의한 자가 하나님의 나라를 유업으로 받지 못할 줄을 알지 못하느냐 미혹을 받지 말라 음행하는 자나 우상 숭배하는 자나 간음하는 자나 탐색하는 자나 남색하는 자나 도적이나 탐욕을 부리는 자나 술 취하는 자나 모욕하는 자나 속여 빼앗는 자들은 하나님의 나라를 유업으로 받지 못하리라

제86문 해설

구원과 선행의 관계에 관해 크게 세 가지 잘못된 견해가 있습니다. 첫째, 반(反)율법주의입니다. 은혜로 구원을 얻기 때문에 율법을 지킬 필요가 없다는 견해입니다. 초기 이단인 영지주의가 대표적입니다. 둘째, 율법주의입니다. 율법을 지키는 행위를 통해 구원을 얻을 수 있다는 견해입니다. 주로 이단들이 여기에 속합니다. '하나님의 교회'와 '신천지'가 대표적입니다. 셋째, 반(半)율법주의입니다. 하나님의 은혜와 성도의 행위를 협력의 관계로 보는 견해입니다. 로마 교회가 대표적입니다.

구원과 선행에 관한 성경적인 관점은 무엇일까요? 선행을 구원의 열매로 보는 견해입니다. 선행을 구원의 근거로 보는 것이 아니라, 구원을 받았기 때문에 자연스럽게 발생하는 열매로 보는 것입니다. 이러한 견해는 예수님의 가르침에 근거합니다.

예수님은 요한복음 15장에서 자신과 성도의 관계를 포도나무와 가지의 관계로 비유하셨습니다. 가지가 열매를 맺는 이유는 다음과 같습니다. 첫째, 포도나무에 붙어 있기 때문입니다. 둘째, 포도나무로부터 영양분을 공급받기 때문입니다. 성도가 선행을 행할 수 있는 이유도 마찬가지입니다. 첫째, 예수님이 구원하셨기 때문입니다(요15:4-5). 둘째, 성령으로 우리를 새롭게 하시기 때문입니다(엡2:10).

그래서 하이델베르크 요리문답은 사도신경을 먼저 가르친 후에 십계명을 설명합니다. 사도신경은 주로 구원에 관해서 다루고, 십계명은 주로 선행에 관해서 다루기 때문입니다. 하이델베르크 요리문답은 이러한 구조를 통해 선행이 구원의 열매임을 강조하고 있습니다. 다음으로 우리가 선행을 행해야 할 이유에 대해 살펴보겠습니다. 거기에는 크게 세 가지 이유가 있습니다.

첫째, 하나님께서 우리의 선행을 기뻐하시기 때문입니다(롬12:1-2). 우리는 구원을 얻기 위해 선행을 행하는 것이 아니라, 우리를 구원하신 하나님께 감사하기 위해 선을 행합니다.

둘째, 구원의 확신을 위해서입니다. 성경은 열매가 없는 자에게 구원을 확신하라고 말하지 않습니다. 대신 열매가 있는 자를 향해서는 구원을 확신하라고 말합니다(요일3:14). 선행은 우리의 믿음이 참된 것인지 확인하는 지표가 될 수 있으며, 구원의 확신을 더욱 굳건하게 해줍니다.

셋째, 전도하기 위해서입니다. 선행은 이웃을 하나님께 인도하는 도구입니다. 하나님은 우리의 선행을 도구 삼아 죄인들을 구원하십니다(마5:16, 벧전3:1-2).

제87문 해설

선행을 전혀 행하지 않는 자들이 구원을 받을 수 있을까요? 결코 구원을 받을 수 없습니다. 선행은 구원의 열매입니다. 선행이 없다는 것은 구원도 없다는 증거입니다. 그렇다면 '감사와 회개'가 없는 자들은 구원을 받을 수 있을까요? 마찬가지입니다. 결코 구원을 받을 수 없습니다. 선행의 다른 이름이 '감사와 회개'이기 때문입니다. 선행을 전혀 행하지 않는 자들에게 구원이 없듯이, 감사와 회개가 없는 자들에게도 구원이 없습니다.

1. 구원과 선행에 관한 성경적인 관점은 무엇입니까?
2. 우리가 선행을 행해야 할 이유는 무엇입니까?

참된 회개

제88문 참된 회개는 무엇입니까?

답 옛사람을 죽이고, 새사람으로 사는 것입니다(엡4:22-24).

제89문 옛사람을 죽이기 위해 무엇을 행해야 합니까?

답 하나님을 진노하게 한 우리의 죄를 슬퍼하고 미워하며 피해야 합니다
(욜2:13, 롬8:13).

제90문 새사람으로 살기 위해 무엇을 행해야 합니까?

답 선행을 행해야 합니다(롬12:17).

제91문 그러면 선행은 무엇입니까?

답 참된 믿음으로(히11:6),

하나님의 율법을 따라(레18:4),

하나님의 영광을 위하여 행하는 것입니다(고전10:31).

반면 우리가 옳다고 믿는 바를 행하는 것은 선행이 아닙니다(신12:32).

엡4:22-24	너희는 유혹의 욕심을 따라 썩어져 가는 구습을 따르는 옛 사람을 벗어 버리고 오직 너희의 심령이 새롭게 되어 하나님을 따라 의와 진리의 거룩함으로 지으심을 받은 새 사람을 입으라
욜2:13	너희는 옷을 찢지 말고 마음을 찢고 너희 하나님 여호와께로 돌아올지어다 그는 은혜로우시며 자비로우시며 노하기를 더디하시며 인애가 크시사 뜻을 돌이켜 재앙을 내리지 아니하시나니
롬8:13	너희가 육신대로 살면 반드시 죽을 것이로되 영으로써 몸의 행실을 죽이면 살리니
롬12:17	아무에게도 악을 악으로 갚지 말고 모든 사람 앞에서 선한 일을 도모하라
히11:6	믿음이 없이는 하나님을 기쁘시게 하지 못하나니 하나님께 나아가는 자는 반드시 그가 계신 것과 또한 그가 자기를 찾는 자들에게 상 주시는 이심을 믿어야 할지니라
레18:4	너희는 내 법도를 따르며 내 규례를 지켜 그대로 행하라 나는 너희의 하나님 여호와이니라
고전10:31	그런즉 너희가 먹든지 마시든지 무엇을 하든지 다 하나님의 영광을 위하여 하라
신12:32	내가 너희에게 명령하는 이 모든 말을 너희는 지켜 행하고 그것에 가감하지 말지니라

제88문 해설

감사와 회개가 없는 사람은 결코 구원을 받을 수 없습니다(87문 해설 참조). 구원받은 신자의 삶에는 반드시 회개가 있어야 합니다. 그런데 사람들은 거짓 회개를 한 후에 자신이 참된 회개를 회개했다고 착각하곤 합니다. 대표적인 거짓 회개는 감정적인 회개입니다. 감정적인 회개란 행동의 변화 없이 마음으로만 슬퍼하는 회개입니다. 이런 회개는 참된 회개가 아닙니다.

참된 회개는 두 가지로 구성되어 있습니다. 첫째, 옛사람을 죽이는 것입니다. 죄를 사랑하던 삶에서 죄를 미워하는 삶으로 돌아서는 것입니다. 둘째, 새사람으로 사는 것입니다. 죄를 행하던 삶에서 선행을 행하는 삶으로 돌아서는 것입니다.

제89문 해설

우리는 과거에 죄의 지배를 받았지만, 이제는 하나님의 지배를 받고 있습니다. 과거에는 죄가 우리의 주인이었지만, 이제는 하나님이 우리의 주인입니다. 하지만 우리는 죄의 영향력에서 완전히 자유롭지 못합니다. 죄는 여전히 우리 안에서 활동하고 있습니다. 그래서 우리는 죄와 싸워야 합니다. 이것을 '죄 죽임' 또는 '옛사람을 죽임'이라고 말합니다. 옛사람을 죽이는 방법은 크게 두 가지입니다.

첫째, 죄를 슬퍼하고 미워하는 것입니다. 이것은 주로 성령의 역사입니다. 우리 안에 거하시는 성령님은 죄의 정체를 밝히시고, 죄의 위험성을 일깨우셔서, 우리에게 죄를 슬퍼하는 마음을 주십니다. 그리하여 우리는 죄를 부끄러워하고 미워하게 됩니다.

둘째, 죄를 피하는 것입니다. 죄를 슬퍼하는 것으로는 부족합니다. 적극적으로 죄를 피해야 합니다. 유혹에 적극적으로 대처하고, 사소한 죄라도 멀리하며, 악인들의 무리와 구별되어야 합니다.

제90문 해설

새 사람으로 살기 위해서는 선행을 행해야 합니다. 세상이 말하는 선행과 성경이 말하는 선행은 다릅니다. 하나님이 기뻐하시는 선행에는 세 가지 요소가 있습니다. 이 중에서 한 가지라도 부족하면 참된 선행이 아닙니다. 참된 선행의 세 가지 요소는 아래와 같습니다.

제91문 해설

첫 번째 요소는 '믿음'입니다. 이것은 선행의 자격입니다. 하나님은 믿음을 가진 자들의 선행만을 참된 선행으로 여기십니다(히11:6). 따라서 악인들이 결과적으로 선행을 행한 것은 참된 선행이 아닙니다.

두 번째 요소는 '율법'입니다. 이것은 선행의 방법입니다. 하나님은 율법대로 행한 것만을 참된 선행으로 여기십니다(레18:4). 따라서 율법대로 행한 것이 아니라면 올바른 목표를 가지고 있어도 참된 선행이 아닙니다.

세 번째 요소는 '하나님의 영광'입니다. 이것은 선행의 목적입니다. 하나님은 하나님의 영광을 위해 행한 것만을 참된 선행으로 여기십니다(고전10:31). 따라서 아무리 대단한 일도 하나님의 영광과 상관이 없다면 참된 선행이 아닙니다.

정리하면 신자가, 율법을 따라, 하나님의 영광을 위해 행한 것만 참된 선행이며, 세상 사람들이 자신들이 옳다고 믿는 바를 행하는 것은 참된 선행이 아닙니다.

정리하기

1. 옛사람을 죽이는 방법은 무엇입니까?
2. 선행의 자격은 무엇입니까?
3. 선행의 방법은 무엇입니까?
4. 선행의 목적은 무엇입니까?

하나님이 제 1계명에서 원하시는 것

제92문 하나님의 율법은 무엇입니까?

답 십계명입니다.

제93문 십계명은 어떻게 나누어집니까?

답 두 부분으로 나누어집니다.
첫째 부분은 하나님 사랑을 가르치며,
둘째 부분은 이웃 사랑을 가르칩니다.

제94문 하나님이 제1계명에서 원하시는 것은 무엇입니까?

답 구원이 매우 귀한 것이기 때문에(엡2:2),
우상숭배를 피하고 멀리하는 것입니다(마4:10).
또한 마음을 다하여 하나님을 사랑하는 것입니다(마22:37-38).
그러므로 우리는 하나님의 뜻을 거스르기보다는
오히려 모든 피조물을 포기합니다(마5:29-30, 마10:37, 행5:29).

제95문 우상숭배란 무엇입니까?

답 우상숭배란

피조물을 하나님보다 더 사랑하거나(롬1:25),

혹은 하나님과 동등하게 사랑하는 것입니다(마6:24).

엡2:2	그 때에 너희는 그 가운데서 행하여 이 세상 풍조를 따르고 공중의 권세 잡은 자를 따랐으니 곧 지금 불순종의 아들들 가운데서 역사하는 영이라
마4:10	이에 예수께서 말씀하시되 사탄아 물러가라 기록되었으되 주 너의 하나님께 경배하고 다만 그를 섬기라 하였느니라
마22:37-38	예수께서 이르시되 네 마음을 다하고 목숨을 다하고 뜻을 다하여 주 너의 하나님을 사랑하라 하셨으니 이것이 크고 첫째 되는 계명이요
마5:29-30	만일 네 오른 눈이 너로 실족하게 하거든 빼어 내버리라 네 백체 중 하나가 없어지고 온 몸이 지옥에 던져지지 않는 것이 유익하며 또한 만일 네 오른손이 너로 실족하게 하거든 찍어 내버리라 네 백체 중 하나가 없어지고 온 몸이 지옥에 던져지지 않는 것이 유익하니라
마10:37	아버지나 어머니를 나보다 더 사랑하는 자는 내게 합당하지 아니하고 아들이나 딸을 나보다 더 사랑하는 자도 내게 합당하지 아니하며
행5:29	베드로와 사도들이 대답하여 이르되 사람보다 하나님께 순종하는 것이 마땅하니라
롬1:25	이는 그들이 하나님의 진리를 거짓 것으로 바꾸어 피조물을 조물주보다 더 경배하고 섬김이라 주는 곧 영원히 찬송할 이시로다 아멘
마6:24	한 사람이 두 주인을 섬기지 못할 것이니 혹 이를 미워하고 저를 사랑하거나 혹 이를 중히 여기고 저를 경히 여김이라 너희가 하나님과 재물을 겸하여 섬기지 못하느니라

제92문 해설

지난 시간에는 참된 선행의 방법이 율법임을 알아보았습니다. 그렇다면 율법은 무엇일까요? 넓은 의미의 율법은 하나님의 모든 명령과 가르침입니다. 좁은 의미의 율법은 하나님께서 모세를 통해 주신 말씀, 특히 십계명을 의미합니다. 율법을 부정적으로 생각하는 사람들은, 율법을 하나님께서 우리를 억압하거나, 벌주는 수단으로 생각합니다. 하지만 율법에는 다음과 같은 기능이 있습니다. 첫째, 책망의 기능입니다(롬3:20). 율법은 우리가 죄인임을 알게 하여, 죄 용서를 위해 그리스도에게 나아가도록 합니다. 둘째, 평화의 기능입니다. 율법은 양심과 제도의 토대가 되어, 공공의 질서를 유지하고 평화로운 사회를 유지하는 데 도움을 줍니다(딤전1:9-10). 셋째, 성화의 기능입니다. 율법은 구원받은 신자들이 어떻게 살아야 하는지를 알려주어, 신자들이 거룩한 삶을 살아가게 합니다(시119:105).

제93문 해설

십계명은 열 개의 계명으로 구성되어 있습니다. 이것은 다시 두 부분으로 나눌 수 있습니다(마22:37-40). 처음 네 계명은 하나님을 사랑하는 방법에 관한 것이며, 다음 여섯 계명은 이웃을 사랑하는 방법에 관한 것입니다. 이처럼 십계명이 요구하는 것은 사랑입니다. 우리가 십계명에 순종해야 하는 이유는 하나님께서 먼저 우리를 사랑하셨고, 그래서 우리 역시 하나님을 사랑해야 하기 때문입니다.

94문 해설

하나님은 제1계명에서 우상숭배를 금지하시고, 하나님 한 분만을 사랑하라고 하십니다(마4:10). 하나님께서 우상숭배를 금지하시는 것은, 우리에게서 종교적 자유를 박탈하는 것이 아닙니다. 하나님께서 우상숭배를 금지하시는 이유는, 하나님께서 우리에게 주신 구원이 매우 귀한 것이기 때문입니다. 우리는 구원을 통해 사망에서 생명으로 옮겼고, 사탄의 자식에서 하나님의 자녀로 변모했습니다(엡2:2). 따라서 우상을 숭배하는 것은, 생명에서 사망으로 옮기는 것이고, 하나님의 자녀에서 사탄의 자녀로 변모하는 것입니다. 하나님은 우리를 사랑하시므로, 그것을 그냥 지켜보실 수 없습니다. 바로 이것이 하나님께서 우상숭배를 금지하시는 이유입니다. 우리는 제1계명에서 우리의 자유를 제한하는 하나님이 아니라, 우리를 사랑하시는 하나님을 보아야 합니다.

하나님이 우리에게 귀한 구원을 주셨으므로, 우리는 마땅히 하나님을 사랑해야 합니다. 하나님께서 우리에게 요구하시는 사랑은 평범한 사랑이 아닙니다. 하나님께서 요구하시는 사랑은 마음과 목숨과 뜻을 다하는 사랑입니다(마22:37-38). 하나님을 사랑하는 방법은 다음과 같습니다. 하나님과 피조물 가운데 하나를 선택해야 하는 순간이 오면, 반드시 하나님을 선택하는 것입니다. 가장 소중한 것을 잃어버릴지라도 하나님을 선택하고(마5:29-30). 가장 사랑하는 사람을 잃어버릴지라도 하나님을 선택하며(마10:37), 고통과 고난이 찾아올지라도 하나님을 선택하는 것입니다(행5:29). 그것이 제1계명이 우리에게 요구하는 것입니다.

제95문 해설

우상숭배는 무엇일까요? 첫째, 하나님보다 피조물을 더 사랑하는 것입니다(롬1:25). 예를 들어 하나님을 예배하는 것보다, 사람과 교제하는 것을 더 좋아한다면 바로 그것이 우상숭배입니다. 둘째, 하나님과 피조물을 동등하게 생각하는 것입니다(마6:24). 예를 들어 돈을 하나님처럼 전능하게 생각한다면, 바로 그것이 우상숭배입니다.

정리하기

1. 넓은 의미의 율법과 좁은 의미의 율법은 각각 무엇입니까?
2. 십계명의 두 부분은 각각 무엇을 가르칩니까?
3. 하나님께서 우상숭배를 금지하시는 이유는 무엇입니까?
4. 우상숭배는 무엇입니까?

하나님이 제 2계명에서 원하시는 것

제96문 하나님이 제2계명에서 원하시는 것은 무엇입니까?

답 하나님을 형상으로 만들지 않고(신4:15),
하나님이 말씀하시지 않은 방식으로 예배하지 않는 것입니다(레10:1-2).

제97문 그렇다면 어떤 형상도 만들어선 안 됩니까?

답 하나님은 어떤 형태로든 형상으로 표현될 수 없고 표현해서도 안 됩니다.
피조물을 형상화하는 것은 가능하지만,
그것이 예배의 대상이 되거나,
하나님을 섬기는 수단이 되어서는 안 됩니다(롬1:23).

제98문 그러나 성도의 교육을 위해 형상을 사용하는 것은 가능하지 않습니까?

답 안 됩니다.

하나님은 자신의 백성들이 말 못하는 우상에 의해서가 아니라,

살아있는 하나님의 말씀인 설교를 통해 교육 받기를 원하십니다(딤후3:16-17).

신4:15 여호와께서 호렙 산 불길 중에서 너희에게 말씀하시던 날에 너희가 어떤 형상도 보지 못하였은즉 너희는 깊이 삼가라

레10:1-2 아론의 아들 나답과 아비후가 각기 향로를 가져다가 여호와께서 명령하시지 아니하신 다른 불을 담아 여호와 앞에 분향하였더니 불이 여호와 앞에서 나와 그들을 삼키매 그들이 여호와 앞에서 죽은지라

롬1:23 썩어지지 아니하는 하나님의 영광을 썩어질 사람과 새와 짐승과 기어다니는 동물 모양의 우상으로 바꾸었느니라

딤후3:16-17 모든 성경은 하나님의 감동으로 된 것으로 교훈과 책망과 바르게 함과 의로 교육하기에 유익하니 이는 하나님의 사람으로 온전하게 하며 모든 선한 일을 행할 능력을 갖추게 하려 함이라

제96문 해설

　언뜻 보면 제1계명과 제2계명 모두 우상을 금하는 것처럼 보입니다. 그러나 제1계명과 제2계명은 다릅니다. 제1계명은 다른 신을 섬기는 것을 금하는 것이고, 제2계명은 하나님을 형상으로 만드는 것을 금하는 것입니다. 하나님을 형상으로 만들지 말라는 것은, 하나님을 우상처럼 섬기지 말라는 뜻입니다. 이는 세상 사람들이 우상을 형상으로 만들어 섬기기 때문입니다. 따라서 제1계명이 다른 신을 섬기는 것을 금하는 계명이라면, 제2계명은 하나님을 우상처럼 섬기는 것을 금하는 계명입니다. 우리는 세상 사람들이 우상을 예배하듯 하나님을 예배해서는 안 됩니다. 반드시 하나님께서 말씀하신 대로만 예배해야 합니다.

제97문 해설

　사람은 하나님을 형상으로 표현할 수 없습니다. 하나님의 존재는 인간의 이성을 초월하며, 하나님의 임재는 시간과 공간을 초월하기 때문입니다. 하나님을 형상으로 만들려는 시도는 창조주를 피조물로 전락시키는 행위입니다.
　하나님께서 모든 형상을 금지하신 것은 아닙니다. 우리는 피조물을 그리거나 조각할 수 있습니다. 문제가 되는 것은 예배의 도구로 사용하기 위해 무언가를 형상화하는 것입니다. 교회사에서 예배의 도구로 형상화된 것들은 대부분 미신의 대상으로 전락했습니다. 출애굽 한 이스라엘 백성은 모세의 놋뱀을 미신처럼 섬겼고, 가나안에 정착한 이스라엘 백성들은 여호와의 언약궤를 미신처럼 숭배하여 전쟁터에 앞장세웠습니다. 이처럼 교회가 형상을 제작하는 것은 남용될 여지가 많으며, 실제로 그러했습니다.

제98문 해설

그렇다면 교육을 위해 하나님을 형상화하는 것은 가능할까요? 역시 가능하지 않습니다. 아무리 좋은 목적으로 형상을 만든다 해도, 그것 자체가 이미 2계명을 어기는 행위이기 때문입니다. 또한, 어려서부터 형상을 통해 하나님을 배운 아이들은 하나님을 초월적인 분으로 생각하기 보다는, 피조물의 차원으로 격하하여 이해할 위험이 있습니다. 그러므로 우리는 형상이 아니라 말씀으로 성도들을 가르쳐야 합니다. 하나님은 성경을 배우는 자들을 온전하게 하시고, 선을 행할 능력을 갖추게 하신다고 약속하셨습니다(딤후 3:16-17). 우리는 이 약속을 붙들고 다음 세대를 가르쳐야 합니다.

1. 1계명과 2계명은 어떻게 다릅니까?
2. 왜 하나님을 형상으로 표현할 수 없습니까?
3. 왜 교육을 위해서도 하나님을 형상화해서는 안 됩니까?
4. 그렇다면 무엇으로 하나님을 가르쳐야 합니까?

하나님이 제3계명에서 원하시는 것

제99문 하나님이 제3계명에서 원하시는 것은 무엇입니까?

답 저주, 거짓 맹세, 불필요한 서원으로
하나님의 이름을 욕되게 하지 않는 것입니다(레24:15, 레19:12, 마5:37).
또한 그와 같은 일이 행해질 때 침묵하지 않는 것입니다.
더 나아가 하나님의 거룩한 이름을
두려워하고 존경하는 마음으로만 사용하여(신28:58),
우리의 모든 말과 행실에서 하나님이 영광을 받도록 하는 것입니다
(롬2:24, 엡4:29, 골3:17).

제100문 하나님의 이름을 욕되게 사용하는 것과,
그 앞에서 침묵하는 것이 그토록 큰 죄입니까?

답 그렇습니다.
하나님의 이름을 욕되게 하는 것보다 더 큰 죄는 없으며,
그것만큼 하나님을 진노케 하는 죄는 없습니다.
그래서 하나님께서는 그러한 죄에 대해 사형을 명하셨습니다(레24:16).

레24:15　너는 이스라엘 자손에게 말하여 이르라 누구든지 그의 하나님을 저주하면 죄를 담당할 것이요

레19:12　너희는 내 이름으로 거짓 맹세함으로 네 하나님의 이름을 욕되게 하지 말라 나는 여호와이니라

마5:37　오직 너희 말은 옳다 옳다, 아니라 아니라 하라 이에서 지나는 것은 악으로부터 나느니라

신28:58　네가 만일 이 책에 기록한 이 율법의 모든 말씀을 지켜 행하지 아니하고 네 하나님 여호와라 하는 영화롭고 두려운 이름을 경외하지 아니하면

롬2:24　기록된 바와 같이 하나님의 이름이 너희 때문에 이방인 중에서 모독을 받는도다

엡4:29　무릇 더러운 말은 너희 입 밖에도 내지 말고 오직 덕을 세우는 데 소용되는 대로 선한 말을 하여 듣는 자들에게 은혜를 끼치게 하라

골3:17　또 무엇을 하든지 말에나 일에나 다 주 예수의 이름으로 하고 그를 힘입어 하나님 아버지께 감사하라

레24:16　여호와의 이름을 모독하면 그를 반드시 죽일지니 온 회중이 돌로 그를 칠 것이니라 거류민이든지 본토인이든지 여호와의 이름을 모독하면 그를 죽일지니라

제99문 해설

제3계명은 "하나님의 이름을 망령되게 부르지 말라"입니다. '망령되다'로 번역된 히브리어는 '샤우'입니다. '비어 있음'을 뜻합니다. 따라서 제3계명은 '비어 있는 마음'으로 하나님의 이름을 부르는 것을 금합니다. 그렇다면 우리는 어떤 마음으로 하나님의 이름을 불러야 할까요? 하나님은 온 세상을 만드신 창조주입니다. 따라서 우리는 경외하는 마음으로 하나님의 이름을 불러야 합니다(신28:58). 하나님은 우리를 살리신 구원자입니다. 따라서 우리는 감사하는 마음으로 하나님의 이름을 불러야 합니다. 경외하는 마음 또는 감사하는 마음 없이 하나님의 이름을 부르는 것은 제3계명을 어기는 일입니다.

그런데 사람들은 경외하는 마음 없이 함부로 하나님의 이름을 사용합니다. 세 가지 경우가 대표적입니다. 첫째, 하나님의 이름을 저주하는 것입니다(레24:15-16). 예를 들어 하나님께 불만과 원망을 쏟아내고, 하나님께 책임을 전가하는 것입니다. 둘째, 하나님의 이름으로 거짓 맹세하는 것입니다(레19:12). 예를 들어 다른 사람을 속이기 위해 하나님의 이름을 사용하는 것입니다. 셋째, 불필요한 서약을 하는 것입니다(삼상14:24). 예를 들어 사울은 전쟁에서 승리할 때까지 식사를 하지 않겠다고 불필요한 서약을 했습니다. 이것들은 모두 제3계명을 어기는 일입니다.

그뿐만이 아닙니다. 우리가 거룩하게 살지 않는 것도 제3계명 위반입니다. 그 이유는, 우리에게 하나님의 이름이 걸려 있기 때문입니다. 세상 사람들은 우리를 그리스도인 또는 하나님의 사람으로 부릅니다. 그래서 우리가 거룩하게 살지 않으면, 불신자들은 우리를 욕하는 동시에 하나님의 이름도 모독합니다. 그러므로 우리는 우리의 악한 행실 때문에 하나님의 이름이 모독을 받지 않도록 조심해야 합니다(롬2:24). 항상 선한 말을 해야 하고(엡4:29), 착한 행동을 해야 하며(마5:16), 모든 영광을 하나님께 돌려야 합니다(골3:17).

제100문 해설

현대 기독교인들은 하나님의 이름이 들어간 찬송을 유행가처럼 부르고, 하나님의 이름을 농담의 도구로 사용하며, 심지어 하나님의 이름으로 욕을 하기도 합니다. (예를 들어 "Oh my God") 이것은 하나님의 이름을 가볍게 생각하고, 하나님의 이름을 함부로 사용하는 죄를 가볍게 생각하기 때문입니다. 하지만 하나님의 이름은 결코 가볍지 않습니다. 하나님께서 자기 이름을 매우 아끼시기 때문입니다. "이스라엘 족속이 들어간 그 여러 나라에서 더럽힌 내 거룩한 이름을 내가 아꼈노라"(겔36:21) 하나님은 자기 이름이 모독을 당하거나, 함부로 사용되는 것을 몹시 싫어하십니다. 그래서 하나님은 하나님의 이름을 모독하는 죄를 사형으로 다스리십니다. "여호와의 이름을 모독하면 그를 반드시 죽일지니 온 회중이 돌로 그를 칠 것이니라 거류민이든지 본토인이든지 여호와의 이름을 모독하면 그를 죽일지니라"(레24:16) 이처럼 하나님의 이름을 함부로 사용하는 것은, 사형받아 마땅한 범죄입니다. 우리는 하나님의 이름을 함부로 사용하는 것이 심각한 범죄임을 자각하고, 언제든지 경외하는 마음으로만 하나님의 이름을 사용해야 합니다. 우리는 주로 예배 시간에 하나님의 이름을 부릅니다. 하나님의 이름으로 기도하고, 하나님의 이름으로 찬양하며, 하나님의 이름으로 설교합니다. 따라서 제3계명은 예배의 태도를 규정하는 계명입니다. 우리는 비어 있는 마음으로 하나님을 예배해서는 안 됩니다. 반드시 경외하는 마음과 감사하는 마음으로 예배해야 합니다.

정리하기

1. '망령되게'로 번역된 히브리어는 무엇이며, 어떤 뜻입니까?
2. 우리는 어떤 마음으로 하나님의 이름을 불러야 합니까?
3. 사람들이 하나님의 이름을 망령되게 부르지 않도록, 우리가 행할 것은 무엇입니까?
4. 하나님께서는 하나님의 이름을 모독하는 자를 어떻게 처벌하라고 하셨습니까?

거룩한 맹세

제101문 그렇다면 하나님의 이름으로 경건하게 맹세하는 것은 가능합니까?

답 그렇습니다.
권위 있는 자가 아래에 있는 자들에게 정당한 것을 요구할 때,
또는 하나님의 영광과 이웃의 유익을 위해 필요할 때입니다.
이러한 맹세는 성경에 근거한 것이며(신6:13),
구약과 신약의 성도들에 의해 올바르게 사용된 것입니다
(창47:31, 창14:22, 고후1:23).

제102문 성인(聖人)이나 다른 피조물로도 맹세할 수 있습니까?

답 아닙니다.
올바른 맹세는 홀로 사람의 마음을 아시는 하나님 앞에서(삼상16:7),
자신의 진실함에 대해 증인이 되어 주실 것과,
만일 자신이 거짓으로 맹세하면 벌하여 주시기를 청하는 것입니다
(고후1:23).
어떤 피조물도 이러한 영예를 받을 수 없습니다(마5:34-36).

신6:13	네 하나님 여호와를 경외하며 그를 섬기며 그의 이름으로 맹세할 것이니라
창14:22	아브람이 소돔 왕에게 이르되 천지의 주재이시요 지극히 높으신 하나님 여호와께 내가 손을 들어 맹세하노니
창47:31	야곱이 또 이르되 내게 맹세하라 하매 그가 맹세하니 이스라엘이 침상 머리에서 하나님께 경배하니라
고후1:23	내가 내 목숨을 걸고 하나님을 불러 증언하시게 하노니 내가 다시 고린도에 가지 아니한 것은 너희를 아끼려 함이라
삼상16:7	여호와께서 사무엘에게 이르시되 그의 용모와 키를 보지 말라 내가 이미 그를 버렸노라 내가 보는 것은 사람과 같지 아니하니 사람은 외모를 보거니와 나 여호와는 중심을 보느니라 하시더라
마5:34-36	나는 너희에게 이르노니 도무지 맹세하지 말지니 하늘로도 하지 말라 이는 하나님의 보좌임이요 땅으로도 하지 말라 이는 하나님의 발등상임이요 예루살렘으로도 하지 말라 이는 큰 임금의 성임이요 네 머리로도 하지 말라 이는 네가 한 터럭도 희고 검게 할 수 없음이라

제101문 해설

하나님의 이름을 부당하게 사용하는 것은 제3계명을 어기는 일입니다. 하나님의 이름을 부당한 맹세의 도구로 사용하는 것이 대표적입니다. 하지만 제3계명이 맹세 자체를 금지하는 것은 아닙니다. 모세는 하나님의 이름으로 맹세하라고 명령했고(신6:13), 다윗도 하나님의 이름으로 맹세했습니다(삼하3:35). 그렇다면 맹세가 가능한 경우는 언제일까요?

첫째, 권위 있는 자가 아래에 있는 자들에게 정당한 것을 요구할 때입니다. 모세는 이스라엘 백성들에게 자녀들을 하나님의 말씀으로 양육할 것을 맹세하게 하였고, 에스라는 이방 여인들과 혼인하지 않을 것을 맹세하도록 요구했습니다. 이처럼 권위 있는 자가 정당한 것을 요구할 때 우리는 맹세할 수 있습니다.

둘째, 하나님의 영광과 이웃의 유익을 위해 약속을 확고히 해야 할 때입니다. 인간은 전적으로 타락한 존재이기에 그 안에 신뢰할 만한 것이 전혀 없습니다. 이러한 경우에 유일하게 우리의 마음을 다 아시고 심판의 권한을 가지신 하나님의 이름으로 맹세할 필요가 있습니다.

제102문 해설

그렇다면 유대인들처럼 예루살렘 성전으로 맹세하거나, 로마 교회 신자들처럼 마리아의 이름으로 맹세하는 것은 가능할까요? 두 가지 이유에서 그렇지 않습니다. 첫째, 이들은 피조물에 불과하기에 맹세하는 자의 마음을 알 수 없습니다(삼상16:7). 둘째, 이들에게는 맹세를 깨뜨렸을 때 정당하게 심판할 능력이 없습니다. 따라서 우리가 피조물의 이름으로 맹세하는 것은 하나님 홀로 가지고 계신 심판자의 영예를 한낱 피조물에게 돌리는 범죄입니다.

오늘날 정당한 맹세는 결혼 예식과 유아 세례식에서 발견할 수 있습니다. 성도들은 결혼 언약을 깨뜨리지 않을 것과 자녀를 말씀으로 양육할 것을 맹세합니다. 이러한 맹세는 하나님 앞에서 매우 합당한 것입니다.

1. '맹세가 가능한 경우는 언제입니까?

2. 왜 마리아나 성인의 이름으로 맹세해서는 안 됩니까?

3. 오늘날 정당한 맹세를 어디서 볼 수 있습니까?

하나님이 제4계명에서 원하시는 것

제103문 하나님이 제4계명에서 원하시는 것은 무엇입니까?

답 첫째, 복음 사역이 유지되기를 원하십니다(고전9:14).
그래서 나는 주일에(레23:3)
교회에 부지런히 참석하고(히10:25)
말씀을 들으며(딤전4:13),
성례에 참여하고(고전11:23-25),
공적으로 하나님께 기도하며(딤전2:1-2),
가난한 자들에게 자비를 행합니다(신15:11, 고전16:1-2).
둘째, 악한 일들을 중단하고,
성령이 내 안에서 일하시게 함으로써,
이 세상에서부터 영원한 안식을 누리기를 원하십니다(히4:9-11).

레23:3	엿새 동안은 일할 것이요 일곱째 날은 쉴 안식일이니 성회의 날이라 너희는 아무 일도 하지 말라 이는 너희가 거주하는 각처에서 지킬 여호와의 안식일이니라
히10:25	모이기를 폐하는 어떤 사람들의 습관과 같이 하지 말고 오직 권하여 그 날이 가까움을 볼수록 더욱 그리하자
딤전4:13	내가 이를 때까지 읽는 것과 권하는 것과 가르치는 것에 전념하라
고전11:23-25	내가 너희에게 전한 것은 주께 받은 것이니 곧 주 예수께서 잡히시던 밤에 떡을 가지사 축사하시고 떼어 이르시되 이것은 너희를 위하는 내 몸이니 이것을 행하여 나를 기념하라 하시고 식후에 또한 그와 같이 잔을 가지시고 이르시되 이 잔은 내 피로 세운 새 언약이니 이것을 행하여 마실 때마다 나를 기념하라 하셨으니
딤전2:1-2	그러므로 내가 첫째로 권하노니 모든 사람을 위하여 간구와 기도와 도고와 감사를 하되 임금들과 높은 지위에 있는 모든 사람을 위하여 하라 이는 우리가 모든 경건과 단정함으로 고요하고 평안한 생활을 하려 함이라
신15:11	땅에는 언제든지 가난한 자가 그치지 아니하겠으므로 내가 네게 명령하여 이르노니 너는 반드시 네 땅 안에 네 형제 중 곤란한 자와 궁핍한 자에게 네 손을 펼지니라
고전16:1-2	성도를 위하는 연보에 관하여는 내가 갈라디아 교회들에게 명한 것 같이 너희도 그렇게 하라 매주 첫날에 너희 각 사람이 수입에 따라 모아 두어서 내가 갈 때에 연보를 하지 않게 하라
히4:9-11	그런즉 안식할 때가 하나님의 백성에게 남아 있도다 이미 그의 안식에 들어간 자는 하나님이 자기의 일을 쉬심과 같이 그도 자기의 일을 쉬느니라 그러므로 우리가 저 안식에 들어가기를 힘쓸지니 이는 누구든지 저 순종하지 아니하는 본에 빠지지 않게 하려 함이라

제103문 해설

구약의 안식일은 토요일입니다. 신약의 안식일은 일요일입니다. 사도들과 초대교회는 일요일을 새로운 안식일로 지정하여 지켰습니다. 거기에는 다음과 같은 이유가 있습니다.

구약의 안식일은 창조 기념일입니다. 하나님의 창조를 기념하는 날이 구약의 안식일입니다. 하지만 사람들이 죄를 짓고 타락하면서, 재창조가 필요하게 되었습니다. 예수님은 우리를 위해 죽고 부활하심으로써, 우리를 재창조하셨습니다. 따라서 구약의 안식일은 창조 기념일이고, 신약의 안식일은 재창조 기념일입니다.

일요일을 신약의 안식일로 지키는 이유는, 예수님이 부활하신 날이기 때문입니다. 초대교회 성도들은 부활의 날인 일요일을 '주님의 날'이라는 뜻으로 '주일'이라고 불렀습니다.

예수님은 바리새인들이 안식일을 지키는 방식을 비판하셨습니다. 바리새인들이 안식일의 의미를 퇴색시켰기 때문입니다. 십계명의 핵심은 하나님과 이웃을 사랑하는 것입니다. 따라서 안식일도 하나님과 이웃을 사랑하는 날로 지켜야 합니다. 사랑 없이 의식과 규칙만 강조하는 것은 안식일을 올바르게 지키는 것이 아닙니다.

하나님과 이웃을 사랑하는 날로써 안식일을 지키려면, 하나님이 제4계명에서 원하시는 것을 알아야 합니다. 하나님이 제4계명에서 원하시는 것은 다음과 같습니다.

첫째, 주일에 교회에 부지런히 참석하는 것입니다. 하나님은 교회가 함께 모이기를 원하십니다(히10:25). 둘째, 말씀을 듣고 배우는 것입니다. 하나님은 교회가 말씀을 배우고 가르치기를 원하십니다(딤전4:13). 셋째, 성례에 참여하는 것입니다. 예수님은 교회가 성례를 행해야 한다고 하셨습니다(고전11:23-25). 넷째, 공적으로 기도하는 것입니다. 하나님은 교회가 기도하기를 원하십니다(딤전2:1-2).

여기까지가 하나님을 사랑하는 방법이라면, 다음은 이웃을 사랑하는 방법입니다. 우리는 이웃을 사랑하는 날로 주일을 지켜야 합니다. 그것을 위해 가난한 자들에게 자비를 행해야 합니다. 초대교회는 가난한 자들에게 자비를 행하기 위해 주일마다 헌금을 했습니다(고전16:1-2).

안식일은 영원한 안식을 미리 체험하는 날입니다. 우리는 주일마다 악한 일들을 중단하고 하나님을 예배합니다. 성령님은 그것을 통해 우리를 위로하시고 새롭게 하십니다. 따라서 우리는 주일마다 영원한 안식을 미리 맛보게 됩니다. 우리가 6일 동안 세상일로 지칠지라도 계속해서 그 자리를 살아낼 수 있는 것은, 안식의 날이 매주 우리를 찾아오기 때문입니다. 그러므로 우리가 안식일을 위해 있는 것이 아니라, 안식일이 우리를 위해 있는 것입니다 (마12:8).

1. '구약의 안식일과 신약의 안식일은 각각 어떤 기념일입니까?
2. 왜 사도들과 초대교회는 일요일을 새로운 안식일로 지켰습니까?
3. 하나님이 제4계명에서 원하시는 것은 무엇입니까?
4. 안식일은 무엇을 체험하는 날입니까?

하나님이 제5계명에서 원하시는 것

제104문 하나님이 제5계명에서 원하시는 것은 무엇입니까?

답 나의 부모님과 윗사람들을 공경하고 사랑하며,
그들의 모든 좋은 가르침과 정당한 징계에 순종하고
(잠1:8, 롬13:1, 엡6:1-2,5),
그들의 약점과 부족에 대해서는 인내하는 것입니다(벧전2:18).
왜냐하면 하나님께서 그들의 손을 통해 우리를 다스리시기 때문입니다
(마22:21, 롬13:2,4).

잠1:8	내 아들아 네 아비의 훈계를 들으며 네 어미의 법을 떠나지 말라
롬13:1	각 사람은 위에 있는 권세들에게 복종하라 권세는 하나님으로부터 나지 않음이 없나니 모든 권세는 다 하나님께서 정하신 바라
엡6:1-2,5	자녀들아 주 안에서 너희 부모에게 순종하라 이것이 옳으니라 네 아버지와 어머니를 공경하라 이것은 약속이 있는 첫 계명이니 종들아 두려워하고 떨며 성실한 마음으로 육체의 상전에게 순종하기를 그리스도께 하듯 하라
벧전2:18	사환들아 범사에 두려워함으로 주인들에게 순종하되 선하고 관용하는 자들에게만 아니라 또한 까다로운 자들에게도 그리하라
마22:21	가이사의 것은 가이사에게, 하나님의 것은 하나님께 바치라
롬13:2,4	그러므로 권세를 거스르는 자는 하나님의 명을 거스름이니 거스르는 자들은 심판을 자취하리라. 그는 하나님의 사역자가 되어 네게 선을 베푸는 자니라 그러나 네가 악을 행하거든 두려워하라 그가 공연히 칼을 가지지 아니하였으니 곧 하나님의 사역자가 되어 악을 행하는 자에게 진노하심을 따라 보응하는 자니라

제104문 해설

제5계명은 "네 부모를 공경하라"입니다. 제5계명은 십계명의 두 번째 부분의 첫 계명입니다. 이것은 사람과의 관계에서 부모와의 관계가 가장 중요하다는 사실을 나타냅니다. 우리는 모든 사람을 사랑하고 공경해야 하지만, 특히 부모님을 가장 사랑하고 공경해야 합니다.

우리가 부모를 공경할 이유는, 부모가 직분자이기 때문입니다. 하나님은 직분자를 통해 세상을 다스리십니다. 하나님이 가정에 세우신 직분자는 부모입니다. 하나님은 부모에게 자녀를 돌보고 양육하는 직분을 맡기셨습니다.

하나님이 우리 위에 세우신 직분자에는 부모만 있는 것이 아닙니다. 교회와 국가에도 하나님이 세우신 직분자가 있습니다. 우리는 교회와 국가의 직분자들도 공경해야 합니다. 특히 교회에서 가르치는 직분을 맡은 자들은 더욱 공경해야 합니다(딤전5:17). 하나님께서 말씀 사역자를 통해 영적인 양식을 공급하시기 때문입니다.

직분자에게 권한만 있는 것은 아닙니다. 책임도 있습니다. 특히 부모의 책임은 막중합니다. 부모의 책임은 신앙을 전승하는 것입니다(엡6:4). 그래서 부모는 자녀에게 하나님의 말씀과 하나님의 뜻을 가르쳐야 합니다. 부모가 먼저 신앙과 믿음의 본을 보여야 합니다.

국가의 책임은 선을 장려하고, 악을 억제하는 것입니다(롬13:4). 국가 지도자들은 선한 자들에게 상을 내리고 악한 자들에게 벌을 내려야 합니다. 정의로운 나라를 만드는 데 앞장서야 합니다.

부모를 포함한 모든 윗사람의 권위는 하나님에게서 온 것입니다(롬13:1). 최고의 권위는 하나님께 있습니다. 그러므로 우리는 하나님의 뜻 안에서만 순종해야 합니다(엡6:1). 만약 윗사람이 하나님의 뜻에 반하는 일을 명할 때는 불순종하는 것이 제5계명을 지키는 길입니다.

정리하기

1. 제5계명은 십계명의 두 번째 부분의 첫 계명입니다. 이것이 나타내는 것은 무엇입니까?
2. 우리가 부모를 공경할 이유는 무엇입니까?
3. 우리는 부모만 공경해야 합니까?
4. 부모의 책임은 무엇입니까?

하나님이 제6계명에서 원하시는 것

제105문 하나님이 제6계명에서 원하시는 것은 무엇입니까?

답 이웃을 미워하거나 상처를 주거나 죽이지 않는 것입니다(마5:21-22).
오히려 모든 복수심을 버리는 것입니다(롬12:19).
더 나아가 자기 자신을 상하게 하거나 위험에 빠뜨려서도 안 됩니다.
이와 같은 살인을 막기 위해 하나님은 칼의 권세를 국가에 주셨습니다
(롬13:4).

제106문 제6계명은 살인에 대해서만 말하는 것입니까?

답 아닙니다.
제6계명은 살인의 뿌리가 되는 시기, 증오, 분노, 복수심과 같은 것들을
하나님께서 미워하심을 가르칩니다(마5:21-22).

제107문 이웃을 죽이지 않으면 제6계명을 다 지킨 것입니까?

답 아닙니다.
하나님께서는 시기, 증오, 분노를 정죄하심으로써
우리가 이웃을 자기 자신처럼 사랑할 것과(마7:12),
그들을 위험에서 보호할 것과,
심지어 원수에게도 선을 행할 것을 명령하십니다(출23:5).

마5:21-22	옛 사람에게 말한바 살인하지 말라 누구든지 살인하면 심판을 받게 되리라 하였다는 것을 너희가 들었으나 나는 너희에게 이르노니 형제에게 노하는 자마다 심판을 받게 되고 형제를 대하여 라가라 하는 자는 공회에 잡혀가게 되고 미련한 놈이라 하는 자는 지옥 불에 들어가게 되리라
롬12:19	내 사랑하는 자들아 너희가 친히 원수를 갚지 말고 하나님의 진노하심에 맡기라 기록되었으되 원수 갚는 것이 내게 있으니 내가 갚으리라고 주께서 말씀하시니라
롬13:4	그는 하나님의 사역자가 되어 네게 선을 베푸는 자니라 그러나 네가 악을 행하거든 두려워하라 그가 공연히 칼을 가지지 아니하였으니 곧 하나님의 사역자가 되어 악을 행하는 자에게 진노하심을 따라 보응하는 자니라
마7:12	그러므로 무엇이든지 남에게 대접을 받고자 하는 대로 너희도 남을 대접하라 이것이 율법이요 선지자니라
출23:5	네가 만일 너를 미워하는 자의 나귀가 짐을 싣고 엎드러짐을 보거든 그것을 버려두지 말고 그것을 도와 그 짐을 부릴지니라

제105문 해설

제6계명이 금하는 것은 다른 사람의 생명을 빼앗는 일입니다. 예수님은 산상수훈에서 형제의 마음에 상처를 주는 것도 제6계명을 어기는 일이라고 하셨습니다. 그런 점에서 이웃의 몸과 마음에 상처를 주는 것은 모두 살인의 범주에 포함됩니다. 때로는 몸과 마음에 상처를 주는 대상이 자기 자신이 될 수도 있습니다. 그런 점에서 자해나 자기 비하, 더 나아가 자살도 제6계명을 어기는 일입니다.

제106문 해설

제6계명은 살인에 대해서만 말하고 있지 않습니다. 예수님은 형제에게 화를 내거나 욕을 하는 것도 제6계명을 어기는 일이라고 하셨습니다(마5:21-22). 따라서 시기, 증오, 분노, 복수심과 같은 것들도 제6계명의 범주에 포함됩니다. 그 이유는 이와 같은 것들이 살인의 뿌리가 되기 때문입니다. 시기심이 자라나면 미움이 됩니다. 증오가 자라나면 욕설이 됩니다. 분노가 자라나면 폭력이 됩니다. 복수가 자라나면 살인이 됩니다. 이처럼 시기, 증오, 분노, 복수심은 살인의 뿌리가 되기에, 제6계명의 범주에 포함됩니다.

제107문 해설

　이웃에게 시기, 증오, 분노, 복수심을 품지 않는 것으로 제6계명을 다 지켰다고 해서는 안 됩니다. 그것은 제6계명의 소극적인 순종에 지나지 않기 때문입니다. 하나님은 원수를 미워하지 않을 뿐만 아니라, 그들에게 선을 베풀라고 하셨습니다(롬12:19-21). 제6계명을 적극적으로 행하기 위해서는 생명을 빼앗지 않을 뿐만 아니라, 생명을 살리기 위해 노력해야 합니다.

　정당한 전쟁에서 살인하는 것도 제6계명을 어기는 일일까요? 그렇지 않습니다. 하나님은 자신의 백성들을 지키기 위해 국가에 칼의 권세를 주셨습니다. 적국이 부당한 공격을 가할 때, 국가는 하나님이 주신 칼의 권세를 성실히 수행하여 하나님의 백성들을 보호해야 합니다. 그러므로 정당한 전쟁에서 살인하는 것은 제6계명을 어기는 일이 아닙니다. 마찬가지로 교도소에서 일하는 공무원이 국가의 명을 따라 범죄자를 처형하는 것도 제6계명을 어기는 일이 아닙니다.

정리하기

1. 예수님이 산상수훈에서 제6계명을 어기는 일로 말씀하신 것은 무엇입니까?
2. 제6계명의 범주에 포함되는 일은 무엇입니까?
3. 이상의 것들이 제6계명의 범주에 포함되는 이유는 무엇입니까?
4. 제6계명의 소극적 순종과 적극적 순종은 무엇입니까?
5. 전쟁에서 살인하는 것도 제6계명을 어기는 일입니까?

하나님이 제7계명에서 원하시는 것

제108문 하나님이 제7계명에서 원하시는 것은 무엇입니까?

답 순결하지 않은 모든 행동은 하나님의 저주 아래 있습니다(레18:29).
그러므로 혼인한 자이든 독신으로 있는 자이든 그것을 철저히 혐오해야 하며,
순결하고 단정한 삶을 살아야 합니다(히13:4, 살전4:3-5).

제109문 하나님께서 제7계명에서 금하시는 것이 단지 간음이나 그와 유사한 범죄뿐입니까?

답 우리는 몸과 영혼 모두를 순결하고 거룩하게 지켜야 합니다.
몸과 영혼 모두 성령의 전이기 때문입니다(고전6:18-20).
그러므로 육신의 순결을 더럽히는 것뿐만 아니라,
음란한 말과 생각과 욕망,
또는 그것을 부추기는 모든 것을 하나님께서 금하십니다(마5:27-28).

레18:29   이 가증한 모든 일을 행하는 자는 그 백성 중에서 끊어지리라

히13:4   모든 사람은 결혼을 귀히 여기고 침소를 더럽히지 않게 하라 음행하는 자들과 간음하는 자들을 하나님이 심판하시리라

살전4:3-5   하나님의 뜻은 이것이니 너희의 거룩함이라 곧 음란을 버리고 각각 거룩함과 존귀함으로 자기의 아내 대할 줄을 알고 하나님을 모르는 이방인과 같이 색욕을 따르지 말고

고전6:18-20   음행을 피하라 사람이 범하는 죄마다 몸 밖에 있거니와 음행하는 자는 자기 몸에 죄를 범하느니라 너희 몸은 너희가 하나님께로부터 받은 바 너희 가운데 계신 성령의 전인 줄을 알지 못하느냐 너희는 너희 자신의 것이 아니라 값으로 산 것이 되었으니 그런즉 너희 몸으로 하나님께 영광을 돌리라

마5:27-28   또 간음하지 말라 하였다는 것을 너희가 들었으나 나는 너희에게 이르노니 음욕을 품고 여자를 보는 자마다 마음에 이미 간음하였느니라

제108문 해설

제7계명은 "간음하지 말라"입니다. 간음은 하나님께서 가장 미워하시는 범죄 가운데 하나입니다. 레위기 18장은 간음하는 자를 땅이 토해낼 것이라고까지 말합니다. 간음은 성경 전체에서 가장 많이 등장하는 범죄이며, 가장 많은 질책을 받는 죄악이고, 가장 많은 사람을 실족하게 한 사탄의 덫입니다.

하나님께서 간음을 엄격히 금하신 것은, 가정의 중요성 때문입니다. 하나님은 거룩한 가정을 통해 다음과 같은 일들을 행하십니다. 첫째, 가정을 통해 교회를 세우십니다. 둘째, 가정 안에서의 성적 연합을 통해 다음 세대를 창조하십니다. 셋째, 가정에서의 교육을 통해 하나님의 어린 백성들이 신실한 그리스도인으로 자라게 하십니다. 그런 점에서 간음은 교회를 공격하는 것이며, 다음 세대의 씨를 막는 것이며, 어린 백성들을 거룩하게 양육하고자 하시는 하나님의 의지에 반하는 일입니다.

아담과 하와의 타락 이후 성적인 의지 역시 타락하였습니다. 그 결과 사람들은 무분별한 성행위를 하며, 순결을 더럽혔습니다. 그런 점에서 혼인은 순결을 지키기 위한 수단이기도 합니다. 만약 정욕을 억제할 만한 역량을 가지지 못한 자가 계속 독신의 상태에 있다면, 그는 수없이 많은 간음의 유혹에 직면하게 될 것입니다. 하지만 기혼자라고 하여 간음의 유혹 앞에서 더 견고한 것은 아닙니다. 하나님이 가장 의로운 왕이라고 인정하신 다윗을 넘어뜨린 것은 간음이었습니다.

제109문 해설

일반적으로 독신자의 경우에는 결혼하지 않은 상태에서 행한 성관계가 간음입니다. 기혼자의 경우에는 배우자가 아닌 사람과 행한 성관계가 간음입니다. 예수님은 제7계명을 보다 넓은 차원에서 해석하셨습니다. 예수님은 육신의 순결을 더럽히는 것뿐만 아니라 마음의 순결을 더럽히는 것도 간음이라고 하셨습니다(마5:27-28). 그러므로 음란한 생각도 간음입니다. 음란한 미디어를 가까이하여 마음의 순결을 더럽히는 것도 간음입니다.

1. 하나님께서 간음을 엄격히 금하신 이유는 무엇입니까?
2. 하나님은 거룩한 가정을 통해 어떤 일을 행하십니까?
3. 예수님은 제7계명을 어떤 차원에서 해석하셨습니까?

하나님이 제8계명에서 원하시는 것

제110문 하나님이 제8계명에서 원하시는 것은 무엇입니까?

답 하나님께서는 국가가 법으로 처벌하는 도둑질과 강도질만이 아니라,
이웃의 소유를 자기의 것으로 삼으려는
모든 속임수를 도둑질이라 말씀하십니다.
예를 들어 부정직한 저울, 불량품, 위조, 폭리와 같은 것들입니다(잠11:1).
하나님께서는 또한 탐욕을 품는 것과(눅12:15)
하나님의 선물을 낭비하는 것도 금하십니다(잠21:20).

제111문 하나님께서 제8계명을 통해 요구하시는 바는 무엇입니까?

답 이웃의 유익을 증진시키기 위해 노력하는 것과(갈6:9-10),
내가 남에게 대접을 받고자 하는 대로 남을 대접하고(마7:12),
더 나아가 어려운 처지에 있는 사람을 도울 수 있도록
성실하게 일하는 것입니다(엡4:28).

잠11:1	속이는 저울은 여호와께서 미워하시나 공평한 추는 그가 기뻐하시느니라
눅12:15	그들에게 이르시되 삼가 모든 탐심을 물리치라 사람의 생명이 그 소유의 넉넉한 데 있지 아니하니라 하시고
잠21:20	지혜 있는 자의 집에는 귀한 보배와 기름이 있으나 미련한 자는 이것을 다 삼켜 버리느니라
갈6:9-10	우리가 선을 행하되 낙심하지 말지니 포기하지 아니하면 때가 이르매 거두리라 그러므로 우리는 기회 있는 대로 모든 이에게 착한 일을 하되 더욱 믿음의 가정들에게 할지니라
마7:12	그러므로 무엇이든지 남에게 대접을 받고자 하는 대로 너희도 남을 대접하라 이것이 율법이요 선지자니라
엡4:28	도둑질하는 자는 다시 도둑질하지 말고 돌이켜 가난한 자에게 구제할 수 있도록 자기 손으로 수고하여 선한 일을 하라

제110문 해설

제8계명은 도둑질만 금하지 않습니다. 이웃의 재산에 손해를 끼치는 모든 행위가 제8계명 위반입니다. 그 이유는 세상 모든 것이 하나님의 것이기 때문입니다. 각 사람의 재산은 하나님께서 나누어주신 것입니다. 따라서 이웃의 소유에 손해를 끼치는 행동은 하나님께서 각 사람에게 나누어주신 분깃을 강탈하는 일입니다.

일반적인 도둑질은 다른 사람의 소유를 강제로 빼앗는 것입니다. 이런 형태의 도둑질을 하는 사람은 많지 않습니다. 은밀한 도둑질은 다릅니다. 많은 사람이 은밀한 도둑질을 합니다. 무게를 속이거나, 불량품을 팔거나, 위조하거나, 폭리를 취하는 일이 바로 은밀한 도둑질입니다. 이 외에 영상이나 음원의 불법적인 다운로드도 은밀한 도둑질입니다.

하나님과의 관계에서 발생하는 영적인 도둑질도 있습니다. 첫째, 탐욕을 품는 것입니다. 지금 처지에 만족하지 않는 탐욕의 상태에서 모든 형태의 도둑질이 시작되기 때문입니다. 둘째, 은사를 낭비하는 것입니다. 은사는 하나님께서 우리에게 주신 재능입니다. 모든 은사는 하나님의 영광을 위해 사용되어야 합니다. 은사를 낭비하는 것은, 하나님의 영광을 도둑질하는 행위입니다. 셋째, 헌금을 정직하게 하지 않는 것입니다. 이것은 하나님께 드려야 할 것을 가로채는 일입니다.

제111문 해설

앞에서 살펴본 것은 제8계명의 소극적 순종입니다. 제8계명에 적극적으로 순종하려면 도둑질하지 않는 데서 한발 더 나아가야 합니다. 제8계명은 "이웃의 재물을 빼앗지 말라"라는 부정명령문 형태로 되어 있습니다. 이것을 긍정명령문 형태로 바꾸면 "네 이웃에게 재물을 주어라"입니다. 따라서 도둑질하지 않는 것으로 제8계명을 모두 지켰다고 생각해서는 안 됩니다. 우리의 재물로 어려운 이웃을 대접하고, 우리 곁에 있는 가난한 이웃을 돕는 데까지 나아가야 합니다. 그러기 위해서는 성실하게 일해서 재물을 모아야 합니다. 또한 재물을 낭비하지 않고 근검절약해야 합니다.

1. 왜 이웃의 재산에 손해를 끼치는 것이 제8계명 위반입니까?
2. 은밀한 도둑질에는 어떤 것이 있습니까?
3. 왜 탐욕이 제8계명 위반입니까?
4. 제8계명에 적극적으로 순종하기 위해서는 무엇을 해야 합니까?

제 43 주 하나님이 제9계명에서 원하시는 것

제112문 하나님이 제9계명에서 원하시는 것은 무엇입니까?

답 내가 어느 누구에게도 거짓 증언을 하지 않고(잠19:5),
다른 사람의 말을 왜곡하지 않으며(잠50:19-20),
뒤에서 비난하거나 모함하지 않고(시15:3),
확인되지 않은 사실을 성급하게 믿고 정죄하지 않기를 원하십니다 (엡4:25).
더 나아가 하나님께 징벌받지 않도록(잠12:22)
마귀의 일에 속하는 모든 거짓과 속이는 일을 피하며(요8:44),
법정에서나 기타 다른 경우에도 정직하게 진리만을 말하며(출23:1-2),
할 수 있는 대로 이웃의 명예와 평판을 보호하고 높이는 것입니다 (벧전4:8).

잠19:5	거짓 증인은 벌을 면하지 못할 것이요 거짓말을 하는 자도 피하지 못하리라
잠50:19-20	네 입을 악에게 내어 주고 네 혀로 거짓을 꾸미며 앉아서 네 형제를 공박하며 네 어머니의 아들을 비방하는도다
시15:3	그의 혀로 남을 허물하지 아니하고 그의 이웃에게 악을 행하지 아니하며 그의 이웃을 비방하지 아니하며
엡4:25	그런즉 거짓을 버리고 각각 그 이웃과 더불어 참된 것을 말하라 이는 우리가 서로 지체가 됨이라
잠12:22	거짓 입술은 여호와께 미움을 받아도
요8:44	너희는 너희 아비 마귀에게서 났으니 너희 아비의 욕심대로 너희도 행하고자 하느니라 그는 처음부터 살인한 자요 진리가 그 속에 없으므로 진리에 서지 못하고 거짓을 말할 때마다 제 것으로 말하나니 이는 그가 거짓말쟁이요 거짓의 아비가 되었음이라
출23:1-2	너는 거짓된 풍설을 퍼뜨리지 말며 악인과 연합하여 위증하는 증인이 되지 말며 다수를 따라 악을 행하지 말며 송사에 다수를 따라 부당한 증언을 하지 말려
벧전4:8	무엇보다도 뜨겁게 서로 사랑할지니 사랑은 허다한 죄를 덮느니라

제112문 해설

제9계명은 "네 이웃에 대하여 거짓 증거하지 말라"입니다. 하나님께서 제9계명에서 원하시는 것은 무엇일까요? 이웃에게 피해를 주는 말을 중단하고, 이웃을 사랑하는 말을 하라는 것입니다. 그렇다면 이웃에게 피해를 주는 말에는 무엇이 있을까요?

이웃에게 피해를 주는 말에는 크게 네 가지가 있습니다. 첫째, 거짓 증언하는 말입니다. 둘째, 다른 사람의 말을 왜곡하는 말입니다. 셋째, 비난하거나 모함하는 말입니다. 넷째, 확인되지 않은 사실을 성급하게 믿고 그 사람을 정죄하는 말입니다.

하나님께서 거짓말을 금하시는 이유는 거짓말이 전적으로 사탄에게 속한 일이기 때문입니다. 사탄은 거짓말을 즐겨 할 뿐만 아니라, 사람들이 거짓말을 하도록 유혹합니다. 그래서 예수님은 거짓말을 서슴지 않는 바리새인들을 향해 사탄의 자식이라고 하셨습니다(요8:44). 따라서 신자는 철저하게 거짓말을 멀리해야 합니다. 진실을 말하는 것과 거짓을 말하는 것은, 세상과 교회를 구분하는 기준입니다.

만약 우리가 이웃에 대하여 거짓말을 하면 이웃은 어떤 피해를 당할까요? 명예가 훼손되는 피해를 당합니다. 명예란 훌륭하고 좋은 사람으로 인정받는 것을 말합니다. 대부분의 사람은 명예를 소중하게 여기고 자신의 명예가 훼손되지 않기를 원합니다. 따라서 명예를 훼손하는 것은 심각한 범죄입니다. 그러므로 우리는 이웃에 대해 사실만을 말해야 하며, 이웃의 명예를 보호하고 높이는 말을 하기에 힘써야 합니다. 바로 그것이 이웃을 사랑하는 삶입니다.

1. 이웃에게 피해를 주는 대표적인 말은 무엇입니까?

2. 왜 교회에서는 특히 거짓말을 멀리해야 합니까?

3. 우리가 거짓말을 할 때 이웃이 받게 되는 피해는 무엇입니까?

하나님이 제10계명에서 원하시는 것

제113문 하나님이 제10계명에서 원하시는 것은 무엇입니까?

답 하나님의 계명에 단 하나라도 어긋나는 생각이나 욕망을 품지 않는 것이며,
항상 우리의 마음을 다하여 모든 죄를 미워하고,
모든 의를 즐거워하는 것입니다(시19:14).

제114문 그런데 하나님께 돌아온 사람이 이 계명들을 완전히 지킬 수 있습니까?

답 아닙니다.
가장 거룩한 사람이라도, 이 세상에 살 동안은
이러한 순종을 겨우 시작할 뿐입니다(전7:20).
그러나 그들은 굳은 결심 가운데,
일부 계명만이 아니라 모든 계명에 따라 살기 시작합니다(롬7:22).

제115문 이 세상에서는 아무도 십계명을 완전히 지킬 수 없는데,
왜 하나님은 십계명을 지키라 하십니까?

답 첫째, 우리가 이 세상을 사는 동안 우리의 죄성을 더욱더 알게 되고(롬3:20),
그리하여 그리스도 안에서 사죄와 의로움을
더욱 더 간절히 추구하도록 하기 위함입니다(롬7:24-25).
둘째, 이 세상의 삶을 마치고
목적지인 완전에 이를 때까지,
하나님의 형상으로 더욱더 변화되기를
끊임없이 노력하고 하나님께 성령의 은혜를 구하기 위함입니다(요일3:3).

시19:14	나의 반석이시요 나의 구속자이신 여호와여 내 입의 말과 마음의 묵상이 주님 앞에 열납되기를 원하나이다
전7:20	선을 행하고 전혀 죄를 범하지 아니하는 의인은 세상에 없기 때문이로다
롬7:22	내 속사람으로는 하나님의 법을 즐거워하되
롬3:20	그러므로 율법의 행위로 그의 앞에 의롭다 하심을 얻을 육체가 없나니 율법으로는 죄를 깨달음이니라
롬7:24-25	오호라 나는 곤고한 사람이로다 이 사망의 몸에서 누가 나를 건져내랴 우리 주 예수 그리스도로 말미암아 하나님께 감사하리로다 그런즉 내 자신이 마음으로는 하나님의 법을 육신으로는 죄의 법을 섬기노라
요일3:3	주를 향하여 이 소망을 가진 자마다 그의 깨끗하심과 같이 자기를 깨끗하게 하느니라

제113문 해설

제10계명은 인간의 탐욕을 경계합니다. 우리말 성경에 '탐하다'로 번역된 히브리어는 '하마드'입니다. 이것은 어떤 대상을 향한 강한 욕망과 욕심을 뜻합니다. 그러므로 제10계명은 하나님께서 지금 나에게 주신 것에 만족하지 않고, 더 많은 것을 가지려는 마음의 자세를 의미합니다. 탐욕은 마음에서 일어나는 일입니다. 따라서 제10계명은 마음의 문제를 다루는 계명입니다. 예수님은 모든 범죄가 마음에서 시작된다고 하셨습니다(마15:18-20). 마음을 지켜야 다른 계명도 지킬 수 있고, 마음을 지키지 못하면 다른 계명도 지킬 수 없습니다. 그러므로 제10계명은 탐욕뿐만 아니라, 마음을 깨끗하게 할 것을 명령하는 계명입니다.

제114문 해설

진정으로 회심한 사람은 하나님의 계명에 순종하기 위해 노력합니다. 하지만 그 순종은 완전하지 않습니다. 신자의 회심은 하나님의 기준에서는 어린아이의 걸음마에 불과합니다. 아무도 하나님의 계명을 완전히 지킬 수 없습니다(전7:20). 그럴지라도 하나님의 계명에 순종하는 것을 포기해서는 안 됩니다. 하나님이 우리를 구원하신 목적은, 우리가 계명에 순종하는 사람이 되는 것입니다(딛2:14). 그러므로 우리는 두 가지 태도를 가지고 살아야 합니다. 첫째, '굳은 결심'입니다. 힘들고 어려울지라도 반드시 하나님의 계명을 지키겠다는 굳은 결심을 가지고 살아야 합니다. 둘째, '모든 계명'입니다. 한두 가지 계명이 아니라, 모든 계명을 지키기 위해 노력해야 합니다.

제115문 해설

아무도 십계명을 완전히 지킬 수 없습니다. 그런데 왜 하나님은 십계명을 지키라고 하실까요? 거기에는 크게 두 가지 이유가 있습니다. 첫째, 그리스도를 더욱 의지하게 하려는 것입니다. 십계명을 지키려고 노력하는 사람은 자신의 부패한 본성을 더욱더 알게 됩니다. 그리하여 자신을 의지하지 않고 그리스도를 더욱 의지하게 됩니다. 둘째, 하나님의 형상을 닮게 하려는 것입니다. 십계명에는 하나님의 마음과 성품이 담겨 있습니다. 그래서 십계명을 행하는 사람은, 점점 하나님을 닮아가게 됩니다. 하나님을 닮기 위해 끊임없이 노력하게 되고, 성령의 도움을 구하게 됩니다.

정리하기

1. '탐하다'로 번역된 히브리어 '하마드'는 어떤 뜻입니까?
2. 마음과 십계명에는 어떤 관련이 있습니까?
3. 하나님의 계명을 지키기 위해 어떤 태도를 가져야 합니까?
4. 아무도 십계명을 다 지킬 수 없는데, 왜 하나님은 십계명을 지키라고 하십니까?

제45주 기도의 필요성과 주기도문

제116문 왜 그리스도인에게 기도가 필요합니까?

답 기도는 하나님께서 우리에게 요구하시는
감사의 가장 중요한 부분이며(시50:14-15),
하나님께서는 탄식하는 마음으로 쉬지 않고 구하는 사람에게
은혜와 성령을 주시기 때문입니다(마7:7-8, 눅11:13).

제117문 하나님께서 들으시고 기뻐하시는 기도는 어떤 기도입니까?

답 첫째, 말씀으로 자신을 계시하신 하나님을 바르게 알고,
하나님의 말씀에 근거하여 드리는 기도입니다(잠28:9, 요일5:14).
둘째, 우리 자신의 부족과 비참을 철저히 자각하고
참으로 겸손한 마음으로 드리는 기도입니다(사66:2).
셋째, 비록 우리는 기도할 자격이 없지만,
우리 주 그리스도 때문에,
하나님께서 우리의 기도를 들어주신다는 확신을 가지고 드리는 기도입니다(요14:13-14).

제118문 하나님께서는 우리에게 무엇을 구하라고 하셨습니까?

답 영혼과 몸에 필요한 모든 것입니다(빌4:6).
예수님께서 친히 가르쳐 주신 기도에 이 모든 것이 다 담겨 있습니다.

제119문 예수님께서 친히 가르쳐 주신 기도는 무엇입니까?

답 주기도문입니다.(마6:9-13, 눅11:2-4)

시50:14-15	감사로 하나님께 제사를 드리며 지존하신 이에게 네 서원을 갚으며 환난 날에 나를 부르라 내가 너를 건지리니 네가 나를 영화롭게 하리로다
마7:7-8	구하라 그리하면 너희에게 주실 것이요 찾으라 그리하면 찾아낼 것이요 문을 두드리라 그리하면 너희에게 열릴 것이니 구하는 이마다 받을 것이요 찾는 이는 찾아낼 것이요 두드리는 이에게는 열릴 것이니라
눅11:13	너희가 악할지라도 좋은 것을 자식에게 줄 줄 알거든 하물며 너희 하늘 아버지께서 구하는 자에게 성령을 주시지 않겠느냐 하시니라
잠28:9	사람이 귀를 돌려 율법을 듣지 아니하면 그의 기도도 가증하니라
요일5:14	그를 향하여 우리가 가진 바 담대함이 이것이니 그의 뜻대로 무엇을 구하면 들으심이라
사66:2	무릇 마음이 가난하고 심령에 통회하며 내 말을 듣고 떠는 자 그 사람은 내가 돌보려니와
요16:23	그 날에는 너희가 아무 것도 내게 묻지 아니하리라 내가 진실로 진실로 너희에게 이르노니 너희가 무엇이든지 아버지께 구하는 것을 내 이름으로 주시리라
빌4:6	아무 것도 염려하지 말고 다만 모든 일에 기도와 간구로, 너희 구할 것을 감사함으로 하나님께 아뢰라

제116문 해설

우리는 왜 기도해야 할까요? 그 이유는 크게 두 가지입니다. 첫째, 기도는 하나님께 감사를 표현하는 방법이기 때문입니다(시50:14-15). 하나님은 우리가 감사하면서 살기를 원하시는데, 하나님께 감사를 표현하는 가장 중요한 방법이 바로 기도입니다. 둘째, 하나님께서 기도하는 사람에게 은혜와 성령을 주시기 때문입니다(마7:7-8, 눅11:13).

제117문 해설

우리는 어떻게 기도해야 할까요? 첫째, '하나님의 말씀'에 근거해서 기도해야 합니다. 불신자의 기도에서 강조되는 것은 정성입니다. 정성이 있으면 하늘도 감동한다는 뜻으로 '지성이면 감천이다'라고 말합니다. 하지만 말씀과 상관없는 기도는, 아무리 정성껏 기도해도 하나님께서 듣지 않으십니다(요일5:14). 말씀과 상관없는 기도는 정성껏 할수록 하나님의 마음을 아프게 할 뿐입니다(잠28:9). 둘째, '겸손한 마음'으로 기도해야 합니다. 하나님은 교만한 바리새인의 기도는 듣지 않으시고, 겸손한 세리의 기도는 들으셨습니다(눅18:14). 셋째, '예수님의 이름'으로 기도해야 합니다. '예수님의 이름'은 주문이 아닙니다. 예수님의 이름으로 기도를 마치는 것은, 우리는 기도할 자격이 없지만, 하나님께서 예수님 때문에 우리의 기도를 들어주신다는 뜻입니다. 정리하면, 하나님의 말씀에 합당한 내용을, 겸손한 마음으로, 예수님을 의지하여 기도해야 합니다.

제118문 해설

하나님께서는 모든 것을 기도하라고 하셨습니다(빌4:6). 따라서 우리는 영혼과 몸에 필요한 모든 것을 기도해야 합니다. 이 중에서 더 중요한 것은 영혼의 필요입니다. 예수님은 몸의 필요보다 영혼의 필요를 먼저 구하라고 하셨습니다(마6:33). 그렇다고 해서 몸의 필요를 소홀히 해서는 안 됩니다. 우리는 살아가는 데 필요한 모든 것을, 하나님께 기도해야 합니다. 그러면 하나님은 가장 필요한 것을, 가장 적절한 시간에 주십니다.

제119문 해설

우리는 영혼의 필요와 몸의 필요를 위해서 기도해야 합니다. 이것을 위해 기도할 때 모범으로 삼아야 할 것이 있습니다. 예수님이 직접 가르쳐 주신 기도인 주기도문입니다. 주기도문은 여섯 개의 간구로 구성되어 있습니다. 처음 세 가지는 하나님의 영광을 구하는 기도이고, 다음 세 가지는 우리의 필요를 구하는 기도입니다. 우리의 필요를 구하는 기도 중에 첫 번째는 몸의 필요를 구하는 기도이고, 나머지 두 가지는 영혼의 필요를 구하는 기도입니다.

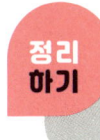
정리하기

1. 우리는 왜 기도해야 합니까?
2. 우리는 어떻게 기도해야 합니까?
3. 기도할 때 모범으로 삼아야 할 기도는 무엇입니까?

제 46 주
하늘에 계신 우리 아버지

제120문 그리스도는 왜 하나님을 "우리 아버지"라 부르게 하셨습니까?

답 어린아이가 아버지에게 가지는 신뢰의 마음으로 기도하기 원하셨기 때문이며, 이것이 우리 기도의 기초입니다.

하나님은 그리스도로 말미암아 실제 우리 아버지가 되셨기에(갈4:6),

우리가 믿음으로 구하는 것에 대해서,

육신의 부모보다 더 좋은 것을 주십니다(마7:9-11).

제121문 "하늘에 계신"이라는 말이 왜 더해졌습니까?

답 하나님의 초월성을 생각하고(행17:24),
그분의 전능하신 능력으로부터
우리 몸과 영혼에 필요한 모든 것들을
기대하도록 하기 위함입니다(롬8:31-32).

갈4:6	너희가 아들이므로 하나님이 그 아들의 영을 우리 마음 가운데 보내사 아빠 아버지라 부르게 하셨느니라
마7:9-11	너희 중에 누가 아들이 떡을 달라 하는데 돌을 주며 생선을 달라 하는데 뱀을 줄 사람이 있겠느냐 너희가 악한 자라도 좋은 것으로 자식에게 줄 줄 알거든 하물며 하늘에 계신 너희 아버지께서 구하는 자에게 좋은 것으로 주시지 않겠느냐
행17:24	우주와 그 가운데 있는 만물을 지으신 하나님께서는 천지의 주재시니 손으로 지은 전에 계시지 아니하시고
롬8:31-32	그런즉 이 일에 대하여 우리가 무슨 말 하리요 만일 하나님이 우리를 위하시면 누가 우리를 대적하리요 자기 아들을 아끼지 아니하시고 우리 모든 사람을 위하여 내주신 이가 어찌 그 아들과 함께 모든 것을 우리에게 주시지 아니하겠느냐

제120문 해설

주기도문은 머리말과 결론, 그리고 여섯 개의 간구로 구성되어 있습니다. 주기도문의 머리말은 "하늘에 계신 우리 아버지여"입니다. 예수님은 여섯 개의 간구를 시작하기 전에, 하나님을 향해 "우리 아버지"라고 부르도록 하셨습니다. 이것은 어린아이가 아버지에게 가지는 신뢰의 마음으로 기도하라는 뜻입니다. 하나님은 예수님 때문에 실제 우리의 아버지가 되셨으므로(갈4:6), 육신의 부모보다 더 좋은 것을 주십니다(마7:9-11).

제121문 해설

그렇다면 "하늘에 계신"이라는 말이 더해진 이유는 무엇일까요? 여기에는 두 가지 이유가 있습니다. 첫째, 하나님의 초월성을 생각하면서 기도하라는 뜻입니다. 하나님을 아버지로만 생각하면, 자칫 하나님을 함부로 대할 수 있기 때문입니다. 둘째, 하나님의 전능성을 생각하면서 기도하라는 뜻입니다. 하늘에 계신 하나님은 전능하신 하나님입니다. 따라서 우리는 하나님의 기도 응답을 기대할 수 있습니다.

1. 주기도문은 어떻게 구성되어 있습니까?
2. 주기도문의 머리말은 무엇입니까?
3. "우리 아버지"라고 부르도록 하신 이유는 무엇입니까?
4. "하늘에 계신"이 더해진 이유는 무엇입니까?

첫째 간구

제122문 첫째 간구는 무엇입니까?

답 "이름이 거룩히 여김을 받으시오며"인데, 이것은 이러한 간구입니다.
첫째, 우리가 하나님을 바르게 알게 하소서(렘9:24).
둘째, 우리가 하나님을 거룩하게 여기고 찬송하게 하소서(눅1:49-50).
셋째, 우리의 생각과 말과 행동을 거룩하게 하소서(마5:16).

렘9:24   자랑하는 자는 이것으로 자랑할지니 곧 명철하여 나를 아는 것과 나 여호와는 사랑과 정의와 공의를 땅에 행하는 자인 줄 깨닫는 것이라 나는 이 일을 기뻐하노라 여호와의 말씀이니라

눅1:49-50   능하신 이가 큰 일을 내게 행하셨으니 그 이름이 거룩하시며 긍휼하심이 두려워하는 자에게 대대로 이르는도다

마5:16 q   이같이 너희 빛이 사람 앞에 비치게 하여 그들로 너희 착한 행실을 보고 하늘에 계신 너희 아버지께 영광을 돌리게 하라

제122문 해설

주기도문의 첫 번째 간구는 하나님의 이름이 거룩하게 여김을 받는 것입니다. 타락한 인간들은 하나님의 이름이 아니라, 자신의 이름을 위해서 살아갑니다. 하나님의 영광이 아니라, 자신의 영광을 위해서 살아갑니다. 따라서 첫 번째 간구는 삶의 목적을 가르쳐 줍니다. 우리는 우리의 이름이 아니라, 하나님의 이름을 위해서, 우리의 영광이 아니라, 하나님의 영광을 위해서 살아야 합니다. 우리가 하나님의 영광을 위해서 살아가려면 크게 세 가지가 필요합니다. 첫째, 하나님을 바르게 알아야 합니다. 하나님이 어떤 분인지 알아야 하나님을 영화롭게 할 수 있습니다. 둘째, 하나님을 찬양해야 합니다. 하나님은 우리의 찬양을 통해 영광을 받으십니다. 셋째, 거룩하게 살아야 합니다. 우리가 거룩하게 살지 않으면, 우리 때문에 하나님의 이름이 욕을 먹고, 하나님의 영광이 가려집니다.

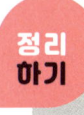

1. 1. 첫 번째 간구는 무엇을 가르쳐 줍니까?
2. 2. 우리의 삶의 목적은 무엇입니까?
3. 3. 하나님의 영광을 위해서 살아가려면 무엇이 필요합니까?

제 48 주

둘째 간구

제123문 둘째 간구는 무엇입니까?

답 "나라가 임하시오며"인데, 이것은 이러한 간구입니다.
첫째, 말씀과 성령으로 우리를 통치하셔서(사59:21),
우리가 점점 더 하나님께 순종하게 하소서(시143:10).
둘째, 하나님의 교회가 보존되며 흥왕하게 하소서(시122:6-7).
셋째, 사탄의 일들과
하나님께 대항하여 스스로를 높이는 모든 세력들과
하나님의 말씀에 반대하는 모든 악한 계획들이
무너지게 하옵소서(요일3:8).
하나님의 나라가 온전히 이루어져,
하나님께서 만유의 주가 되실 때까지 그리되게 하옵소서"(계22:20)

사59:21   여호와께서 이르시되 내가 그들과 세운 나의 언약이 이러하니 곧 네 위에 있는 나의 영과 네 입에 둔 나의 말이 이제부터 영원하도록 네 입에서와 네 후손의 입에서와 네 후손의 후손의 입에서 떠나지 아니하리라 하시니라 여호와의 말씀이니라

시143:10   주는 나의 하나님이시니 나를 가르쳐 주의 뜻을 행하게 하소서 주의 영은 선하시니 나를 공평한 땅에 인도하소서

시122:6-7   예루살렘을 위하여 평안을 구하라 예루살렘을 사랑하는 자는 형통하리로다 네 성 안에는 평안이 있고 네 궁중에는 형통함이 있을지어다

요일3:8   죄를 짓는 자는 마귀에게 속하나니 마귀는 처음부터 범죄함이라 하나님의 아들이 나타나신 것은 마귀의 일을 멸하려 하심이라

계22:20   이것들을 증언하신 이가 이르시되 내가 진실로 속히 오리라 하시거늘 아멘 주 예수여 오시옵소서

제123문 해설

주기도문의 두 번째 간구는 "나라가 임하시오며"입니다(마6:10). 예수님이 간구하신 나라는 하나님 나라, 즉 하나님이 다스리는 나라를 말합니다. 하나님이 다스리는 나라는 이 세상에 속한 나라가 아닙니다. 빌라도가 예수님께 "네가 유대인의 왕이냐?"하고 물었을 때, 예수님은 "내 나라는 이 세상에 속한 것이 아니니라."하고 대답하셨습니다. 이처럼 하나님 나라는 미국, 중국, 일본처럼 눈으로 볼 수 있는 나라가 아닙니다.

하나님 나라는 예수님이 전파하신 복음에서 발견할 수 있습니다. 예수님은 "회개하라 천국이 가까웠느니라(마4:17)"하고 말씀하셨습니다. 여기서 천국은 하나님 나라를 의미합니다. 그러므로 구원받고 회개하는 자들이 하나님 나라의 백성입니다. 하나님께서 말씀과 성령으로 백성들을 다스리는 곳이 하나님 나라의 영토입니다.

하나님이 말씀과 성령으로 통치하실 때 어떤 일이 일어날까요? 크게 세 가지 일이 일어납니다. 첫째, 하나님의 백성들이 점점 더 하나님께 순종하는 일이 일어납니다. 둘째, 교회가 계속 보존되고 흥왕하게 되는 일이 일어납니다. 셋째, 사탄의 나라가 무너지는 일이 일어납니다.

하나님 나라를 위해 기도할 이유는, 사탄의 공격 때문입니다. 사탄은 쉬지 않고 하나님 나라를 공격합니다. 사탄은 크게 두 가지 방식으로 하나님 나라를 공격합니다. 첫째, 악한 세력을 통해 공격합니다. 일제 강점기 때, 일본은 기독교인들의 예배를 방해했습니다. 이것이 악한 세력입니다. 둘째, 말씀에 반대하는 계획을 통해 공격합니다. 점점 많은 나라에서 동성혼을 합법화하고 있습니다. 이것이 말씀에 반대하는 계획입니다.

하나님 나라는 언제 완성될까요? 하나님 나라는 예수님이 재림하시는 날 완성됩니다. 예수님이 다시 오셔서, 모든 것을 새롭게 하시는 날 완성됩니다. 그러므로 우리는 예수님이 속히 오시기를 항상 기도해야 합니다.

1. 누가 하나님 나라의 백성입니까?

2. 어디가 하나님 나라의 영토입니까?

3. 하나님께서 말씀과 성령으로 다스릴 때 어떤 일이 일어납니까?

4. 사탄은 어떤 식으로 하나님 나라를 공격합니까?

제49주 셋째 간구

제124문 셋째 간구는 무엇입니까?

답 "뜻이 하늘에서 이루어진 것 같이 땅에서도 이루어지이다"인데,
이것은 이러한 간구입니다.
첫째, 우리와 모든 사람들이 자신의 뜻을 버리고(눅9:23),
유일하게 선하신 하나님의 뜻에 불평 없이 순종하게 하소서(눅22:42).
둘째, 그리하여 각 사람이 자신의 직분과 소명을
하늘의 천사들처럼, 즐거이 그리고 충성스럽게 수행하게 하옵소서"
(시103:20-22)

눅9:23   또 무리에게 이르시되 아무든지 나를 따라오려거든 자기를 부인하고 날마다 제 십자가를 지고 나를 따를 것이니라

눅22:42   이르시되 아버지여 만일 아버지의 뜻이거든 이 잔을 내게서 옮기시옵소서 그러나 내 원대로 마시옵고 아버지의 원대로 되기를 원하나이다 하시니

시103:20-22   능력이 있어 여호와의 말씀을 행하며 그의 말씀의 소리를 듣는 여호와의 천사들이여 여호와를 송축하라 그에게 수종들며 그의 뜻을 행하는 모든 천군이여 여호와를 송축하라 여호와의 지으심을 받고 그가 다스리시는 모든 곳에 있는 너희여 여호와를 송축하라 내 영혼아 여호와를 송축하라

제124문 해설

주기도문의 세 번째 간구는 "뜻이 하늘에서 이루어진 것 같이 땅에서도 이루어지이다"입니다(마6:10). 세 번째 간구가 말하는 '뜻'은 하나님의 뜻을 말합니다. 하나님의 뜻에는 크게 두 종류가 있습니다.

첫째, 드러난 하나님의 뜻입니다. 드러난 하나님의 뜻은 율법과 십계명입니다. 드러난 하나님의 뜻은 분별할 수 있고, 이해할 수 있습니다. 그러므로 우리는 우리의 생각과 뜻이 드러난 하나님의 뜻에 일치하기를 기도해야 합니다.

둘째, 숨겨진 하나님의 뜻입니다. 예를 들어 병이 나을지 낫지 않을지는 하나님만 아십니다. 시험에 합격할지 불합격할지는 하나님만 아십니다. 이런 것이 숨겨진 하나님의 뜻입니다. 숨겨진 하나님의 뜻은 이해하기 어렵고, 받아들이기 어려울 때가 많습니다. 그래서 숨겨진 하나님의 뜻을 이해하고 받아들이게 해 달라고 기도해야 합니다.

우리 삶에서 하나님의 뜻이 이루어지려면 자기 뜻을 버려야 합니다. 자기 뜻을 버리려면 자기를 부인해야 합니다(눅9:23). 자기를 부인한다는 것은, 자기 자신보다 하나님과 이웃을 더 사랑하는 것을 말합니다. 나 중심의 삶에서, 하나님 중심의 삶으로 돌아서는 것을 말합니다. 그러므로 우리는 자기 부인을 위해 기도해야 합니다. 그래야 어리석고 미련한 우리의 뜻이 아니라, 유일하게 선하신 하나님의 뜻이 이루어질 수 있습니다.

세 번째 간구에 "뜻이 하늘에서 이루어진 것 같이"가 덧붙여진 이유는 무엇일까요? 하늘에서 이루어진 뜻은 천사들의 순종을 의미합니다. 땅에 사는 우리는 하나님의 뜻에 자주 불순종하지만, 하늘에 있는 천사들은 하나님의 뜻에 항상 순종합니다. 땅에 사는 우리는 하나님의 뜻에 부족하게 순종하지만, 하늘에 있는 천사들은 즐거이, 그리고 충성스럽게 순종합니다. 그러므로 우리는 천사처럼 되기를 기도해야 합니다. 우리도 하늘의 천사들처럼, 즐거이, 그리고 충성스럽게 순종하기를 기도해야 합니다.

1. 드러난 하나님의 뜻은 무엇입니까?
2. 숨겨진 하나님의 뜻에는 어떤 것이 있습니까?
3. 하늘에서 이루어진 뜻은 무엇입니까?
4. 천사들은 어떻게 순종합니까?

넷째 간구

제125문 넷째 간구는 무엇입니까?

답 "오늘 우리에게 일용할 양식을 주시옵고"인데, 이것은 이러한 간구입니다.
첫째, 우리의 몸에 필요한 모든 것들을 내려 주소서(마6:25-26).
둘째, 그리하여 하나님만이 모든 좋은 것들의 근원임을 깨닫게 하소서(행17:24-25).
셋째, 그리하여 복 주시는 하나님이 없이는
우리의 걱정과 노력이 아무 유익이 없음을 알게 하소서(신8:3, 시127:1-2).
넷째, 그리하여 우리가 누구도 의지하지 않고
오직 하나님만을 의지하게 하소서(렘17:5,7).

| 마6:25-26 | 그러므로 내가 너희에게 이르노니 목숨을 위하여 무엇을 먹을까 무엇을 마실까 몸을 위하여 무엇을 입을까 염려하지 말라 목숨이 음식보다 중하지 아니하며 몸이 의복보다 중하지 아니하냐 공중의 새를 보라 심지도 않고 거두지도 않고 창고에 모아들이지도 아니하되 너희 하늘 아버지께서 기르시나니 너희는 이것들보다 귀하지 아니하냐 |

| 행17:24-25 | 우주와 그 가운데 있는 만물을 지으신 하나님께서는 천지의 주재시니 손으로 지은 전에 계시지 아니하시고 또 무엇이 부족한 것처럼 사람의 손으로 섬김을 받으시는 것이 아니니 이는 만민에게 생명과 호흡과 만물을 친히 주시는 이심이라 |

| 신8:3 | 너를 낮추시며 너를 주리게 하시며 또 너도 알지 못하며 네 조상들도 알지 못하던 만나를 네게 먹이신 것은 사람이 떡으로만 사는 것이 아니요 여호와의 입에서 나오는 모든 말씀으로 사는 줄을 네가 알게 하려 하심이니라 |

| 시127:1-2 | 여호와께서 집을 세우지 아니하시면 세우는 자의 수고가 헛되며 여호와께서 성을 지키지 아니하시면 파수꾼의 깨어 있음이 헛되도다 너희가 일찍이 일어나고 늦게 누우며 수고의 떡을 먹음이 헛되도다 그러므로 여호와께서 그의 사랑하시는 자에게는 잠을 주시는도다 |

| 렘17:5-7 | 여호와께서 이와 같이 말씀하시니라 무릇 사람을 믿으며 육신으로 그의 힘을 삼고 마음이 여호와에게서 떠난 그 사람은 저주를 받을 것이라 그는 사막의 떨기나무 같아서 좋은 일이 오는 것을 보지 못하고 광야 간조한 곳, 건조한 땅, 사람이 살지 않는 땅에 살리라 그러나 무릇 여호와를 의지하며 여호와를 의뢰하는 그 사람은 복을 받을 것이라 |

제125문 해설

주기도문의 전반부는 하나님의 영광에 대한 간구입니다. 예수님은 여기서 '하나님의 이름', '하나님의 나라', '하나님의 뜻'을 간구하라고 하셨습니다. 주기도문의 후반부는 우리의 필요에 대한 간구입니다. 예수님은 여기서 '우리의 일용할 양식', '우리의 죄에 대한 용서', '우리의 정결한 삶'을 간구하라고 하셨습니다.

주기도문의 네 번째 간구는 "오늘 우리에게 일용할 양식을 주시옵고"입니다(마6:11). 여기서 '양식'은 음식만을 의미하지 않습니다. 이것은 우리가 살아가는 데 필요한 모든 것들을 대표하는 표현입니다. 그러므로 네 번째 간구로 기도할 때는, 우리가 살아가는 데 꼭 필요한 것은 하나님께서 반드시 주신다는 믿음을 가져야 합니다(마6:25-26).

왜 예수님은 '일용할 양식', 즉 하루 먹을 양식을 구하라고 하셨을까요? 여기에는 두 가지 이유가 있습니다. 첫째, 하나님은 우리 욕망의 크기를 아시기 때문입니다. 인간의 욕망은 한이 없습니다. 이 욕망으로부터 문제와 갈등이 발생합니다. 예수님은 욕망의 노예가 되지 말라는 뜻으로 일용할 양식을 구하라고 하셨습니다.

둘째, 필요 이상의 소유는 우리에게 해롭기 때문입니다. 우리에게 하루 먹을 양식밖에 없다면 우리는 간절히 하나님의 은혜를 구할 것입니다. 매일매일 하나님의 도우심을 구하며 살 것입니다. 하지만 백년 먹을 양식이 있다면 하나님을 잊어버리고 살 것입니다. 하나님의 도우심을 구하기보다, 자신의 재산과 부를 의지하며 살 것입니다.

그러므로 예수님은 하나님만이 모든 좋은 것들의 근원임을 잊지 말라는 뜻으로, 일용할 양식을 구하라고 하신 것입니다. 하나님과 멀어진다면, 우리의 성공조차 아무 유익이 없음을 가르쳐 주신 것입니다.

왜 예수님은 '나의 양식'이 아니라 '우리의 양식'을 구하라고 하셨을까요? 교회는 하나님을 아버지로 하는 한 가족이기 때문입니다. 한 명은 배부르고 한 명은 굶주리는 가족은 없습니다. 가족은 함께 배부르거나 함께 배고파야 합니다. 따라서 우리는 연약한 지체를 돌보아야 합니다. 자기 필요만 채우는 것이 아니라, 어려운 지체의 필요를 채우기 위해 노력해야 합니다.

1. 네 번째 간구에서 양식은 무엇을 의미합니까?
2. 왜 예수님은 일용할 양식을 구하라고 하셨습니까?
3. 왜 예수님은 우리의 양식을 구하라고 하셨습니까?

다섯째 간구

제126문 다섯째 간구는 무엇입니까?

답 "우리가 우리에게 죄 지은 자를 사하여 준 것 같이 우리 죄를 사하여 주시옵고"인데,

이것은 이러한 간구입니다.

첫째, 은혜받은 사람답게 이웃을 용서하게 하소서(마18:21-22).

둘째, 그리스도의 보혈을 보시고 우리의 죄를 용서해 주소서(롬8:1-2).

마18:21-22 그 때에 베드로가 나아와 이르되 주여 형제가 내게 죄를 범하면 몇 번이나 용서하여 주리이까 일곱 번까지 하오리이까 예수께서 이르시되 네게 이르노니 일곱 번뿐 아니라 일곱 번을 일흔 번까지라도 할지니라

롬8:1-2 그러므로 이제 그리스도 예수 안에 있는 자에게는 결코 정죄함이 없나니 이는 그리스도 예수 안에 있는 생명의 성령의 법이 죄와 사망의 법에서 너를 해방하였음이라

제126문 해설

주기도문의 다섯 번째 간구는 "우리가 우리에게 죄 지은 자를 사하여 준 것 같이 우리 죄를 사하여 주시옵고"입니다(마6:11). 이것은 죄 용서를 구하는 기도입니다. 구원파 이단은 죄 용서를 구할 필요가 없다고 가르칩니다. 그것이 사실이라면 예수님은 다섯 번째 간구를 가르치지 않았을 것입니다. 우리가 매일 일용할 양식을 구해야 하듯이, 우리는 매일 죄 용서를 구해야 합니다.

사람들은 자신의 죄를 감추려고 합니다. 또는 변명하거나 잊어버리려고 합니다. 그것이 사람의 본성입니다. 그래서 죄 용서를 구하는 기도는 아무나 할 수 없습니다. 은혜받은 사람만 죄 용서를 구할 수 있습니다. 자신이 하나님의 은혜의 대상임을 아는 사람만 담대하게 죄 용서를 구할 수 있습니다.

그리고 용서는 은혜받은 사람의 의무입니다. 은혜받은 사람은 마땅히 다른 사람을 용서해야 합니다. 은혜를 받기만 하고, 베풀지 않는 것은 올바른 신앙의 자세가 아닙니다. 그래서 예수님은 베드로에게, 일곱 번뿐 아니라 일곱 번을 일흔 번까지라도, 즉 계속해서 용서해야 한다고 하셨습니다.

죄를 대하는 태도에서 신자와 불신자가 구분됩니다. 앞서 말한 것처럼 불신자는 죄를 감추거나, 변명하거나, 잊어버리려고 합니다. 하지만 신자는 죄를 깨달았을 때 그리스도를 의지합니다. 하나님께서 그리스도의 보혈을 보시고, 자신의 죄를 용서해 주시기를 구합니다. 신자는 그리스도의 십자가가 우리의 죄 용서를 위한 것임을 아는 자입니다.

정리하기

1. 어떤 사람이 죄 용서를 구하는 기도를 할 수 있습니까?
2. 은혜의 증거는 무엇입니까?
3. 불신자는 죄를 어떻게 대합니까?
4. 신자는 죄를 어떻게 대합니까?

여섯째 간구와 주기도문의 결론

제127문 여섯째 간구는 무엇입니까?

답 "우리를 시험에 들게 하지 마시옵고 다만 악에서 구하시옵소서"인데,
이것은 이러한 간구입니다.
첫째, 우리는 너무나 연약하여 한순간도 스스로 설 수 없습니다
(시103:14-15).
둘째, 우리의 원수인 마귀와 세상과 정욕은
끊임없이 우리를 공격합니다(벧전5:8, 요15:19, 갈5:17).
셋째, 그러므로 하나님의 성령으로 우리를 친히 붙드시고 강하게 하셔서,
우리가 이 영적 전쟁에서 패하지 않고,
마침내 완전한 승리를 얻을 때까지
우리의 원수에 대해 항상 굳세게 대항하게 하소서(롬8:13).

제128문 주기도문의 결론은 무엇입니까?

답 "나라와 권세와 영광이 아버지께 영원히 있사옵나이다"인데,
이것은 이러한 간구입니다.
첫째, 하나님은 모든 나라를 다스리십니다.
둘째, 하나님은 전능한 권세가 있으십니다.

셋째, 그러므로 우리 기도에 응답하셔서,
하나님의 이름이 영광을 받게 하소서(시115:1).

제129문 "아멘"으로 기도를 마치는 것은 어떤 의미입니까?

답 "아멘"은 참되고 확실하다는 뜻입니다.
우리가 하나님께 무엇을 바라는 마음보다 더 확실하게
하나님께서는 우리 기도를 들으십니다(사65:24).

시103:14-15	이는 그가 우리의 체질을 아시며 우리가 단지 먼지뿐임을 기억하심이로다 인생은 그 날이 풀과 같으며 그 영화가 들의 꽃과 같도다
벧전5:8	근신하라 깨어라 너희 대적 마귀가 우는 사자 같이 두루 다니며 삼킬 자를 찾나니
요15:19	너희가 세상에 속하였으면 세상이 자기의 것을 사랑할 것이나 너희는 세상에 속한 자가 아니요 도리어 내가 너희를 세상에서 택하였기 때문에 세상이 너희를 미워하느니라
갈5:17	육체의 소욕은 성령을 거스르고 성령은 육체를 거스르나니 이 둘이 서로 대적함으로 너희가 원하는 것을 하지 못하게 하려 함이니라
롬8:13	너희가 육신대로 살면 반드시 죽을 것이로되 영으로써 몸의 행실을 죽이면 살리니
시115:1	여호와여 영광을 우리에게 돌리지 마옵소서 우리에게 돌리지 마옵소서 오직 주는 인자하시고 진실하시므로 주의 이름에만 영광을 돌리소서
사65:24	그들이 부르기 전에 내가 응답하겠고 그들이 말을 마치기 전에 내가 들을 것이며

제127문 해설

주기도문의 여섯 번째 간구는 "우리를 시험에 들게 하지 마시옵고 다만 악에서 구하시옵소서"입니다(마6:13). 이것은 '죄 죽임'을 위한 기도입니다. 우리는 날마다 죄를 지으며 살아갑니다. 마귀와 세상과 정욕이 끊임없이 우리를 유혹합니다. 그래서 우리는 유혹에 빠지지 않기를 기도해야 합니다. 성령으로 충만하여 영적 전쟁에서 패하지 않기를 기도해야 합니다.

베드로는 예수님을 부인하지 않겠다고 다짐했지만, 결국에는 유혹에 넘어가서 예수님을 부인하는 죄를 지었습니다. 기도하지 않았기 때문입니다(마26:40-41). 베드로만이 아닙니다. 어떤 사람도 기도하지 않고는 유혹을 이길 수 없습니다. 기도해야 성령으로 충만할 수 있고, 성령으로 충만해야 유혹을 이길 수 있습니다.

제128문 해설

주기도문의 결론은 "나라와 권세와 영광이 아버지께 영원히 있사옵나이다"입니다(마6:13). 여기서 예수님은 세 가지가 하나님께 있다고 하셨습니다. 나라와 권세와 영광입니다. 이것은 각각 다음과 같은 뜻입니다.

나라가 하나님께 있다는 것은, 하나님께서 모든 나라를 통치하신다는 뜻입니다. 권세가 하나님께 있다는 것은 우리에게 모든 좋을 것을 줄 수 있는 능력이 하나님께 있다는 뜻입니다. 영광이 하나님께 있다는 것은 하나님은 영광을 받기에 합당하신 분이라는 뜻입니다.

나라와 권세는 우리가 하나님께 기도하는 이유를 보여줍니다. 우리가 하나님께 기도하는 이유는, 하나님께 나라와 권세가 있기 때문입니다. 영광은 우리가 하나님께 기도하는 목적을 보여줍니다. 우리가 기도하는 목적은 우리의 영광이 아니라, 하나님의 영광입니다.

제129문 해설

예수님은 "아멘"으로 기도를 마치라고 하셨습니다. '아멘'은 참되고 확실하다는 뜻입니다. 따라서 아멘은 하나님께서 우리 기도에 참되고 확실하게 응답하실 것을 믿는다는 고백입니다. 우리가 예수님의 이름으로, 성령의 도움을 받아, 하나님의 뜻대로 기도한다면, 그 기도는 참되고 확실하게 응답 될 것입니다.

1. 여섯 번째 간구는 무엇을 위한 기도입니까?
2. 베드로가 예수님을 부인하는 죄를 지은 근본 이유는 무엇입니까?
3. 나라가 하나님께 있다는 것은 어떤 뜻입니까?
4. 권세가 하나님께 있다는 것은 어떤 뜻입니까?
5. 영광이 하나님께 있다는 것은 어떤 뜻입니까?
6. 아멘은 어떤 뜻입니까?

정리하기
답안

Heidelberger
Katechismus

1주차

1. 이 세상에 죄가 들어왔고, 죄로 인해 비참한 삶을 살게 되었기 때문이다.
2. 대표적으로 부와 명예와 권력이 있다.
3. 죄를 해결할 수 없고, 죄의 결과에서 우리를 구원할 수도 없기 때문이다.
4. 우리의 몸과 영혼이 예수님의 소유가 될 때 무거운 짐을 내려놓고 위로를 얻을 수 있다.
5. 크게 세 가지를 알아야 한다. 우리의 죄. 죄에서 구원 얻는 방법, 우리를 구원하신 하나님께 감사하는 방법이다.

2주차

1. 잘못된 기준을 가지고 있기 때문이다.
2. 자기 생각이다.
3. 율법이다.
4. 하나님과 이웃을 사랑하는 것이다.
5. 목숨을 다해 하나님을 사랑하고, 자기 자신처럼 이웃을 사랑할 것을 요구한다.
6. 율법은 모든 사람이 죄인이라고 말한다.

3주차

1. 사람이 지식과 의와 거룩을 가진 존재로 창조되었음을 의미한다.
2. 사람의 시조인 아담에게서 왔다.
3. 하나님의 말씀과 하나님의 영광이다. 말씀대로 행하고, 하나님의 영광을 위해서 행한 것만 참된 선이다.
4. 성령의 능력으로 다시 태어나는 것만이 유일한 방법이다.

4주차

1. 우리가 죄인임을 알게 하여, 죄 용서를 위해 그리스도에게 나아가도록 하는 기능이다.
2. 공공의 질서를 유지하고 평화로운 사회를 유지하는 데 도움을 주는 기능이다.
3. 신자들이 거룩한 삶을 살아가게 하는 기능이다.
4. 모든 죄는 하나님에 대한 반역이기 때문이다.
5. 예수님의 십자가다.

5주차

1. 하나님의 정의가 만족되어야 한다.
2. 심판이다.
3. 그 또한 죄인이기 때문이다.
4. 하나님께 죄를 지은 당사자가 사람이기에, 사람이 하나님의 형벌을 받아야 하기 때문이다.

6주차

1. 하나님께 죄를 지은 당사자가 사람이기 때문이다.
2. 죄인의 죽음에는 다른 사람을 구원하는 가치가 없기 때문이다.
3. 하나님의 심판을 모두 견뎌야 하기 때문이다.
4. 에덴동산이다.

7주차

1. 궁극적으로 모든 사람이 구원을 받는다는 주장이다.
2. 오직 예수님을 믿는 사람만 구원을 받는다고 말한다.
3. 모든 종류의 사람을 의미한다.
4. 첫째, 성경에 근거한 믿음. 둘째 확신하는 믿음이다.
5. 사도적 가르침을 담고 있다는 뜻이다.

8주차

1. 삼위일체 구조를 가지고 있다. 우리의 구원이 삼위 하나님의 사역이기 때문이다.
2. 성부 하나님이 만물의 시작이기 때문이다.
3. 성자 하나님이 우리를 죄에서 해방시키기 때문이다.
4. 성령 하나님이 우리의 구원을 도와주시기 때문이다.
5. 삼위 하나님의 본질이 하나라는 것이다.
6. 삼위 하나님이 성부, 성자, 성령으로 구별된다는 뜻이다.

9주차

1. 1) 하나님께서 무에서 유를 창조하셨다는 믿음.
   2) 하나님께서 친히 창조세계를 돌보신다는 믿음.
   3) 창조주 하나님께서 나의 아버지가 되신다는 믿음.
   4) 하늘 아버지께서 나를 돌보아 주신다는 믿음
2. 우리에게 일어난 슬픈 일도 하나님이 섭리하신 결과이다. 하나님은 슬픈 일들도 합력하여 선을 이루게 하신다.

10주차

1. 섭리는 하나님의 돌보심이다.
2. 섭리의 범위는 모든 사건과 모든 피조물이다.
3. 섭리는 직접 섭리와 간접 섭리, 일반 섭리와 특별 섭리로 구분된다.
4. 하나님의 돌보심을 믿기 때문이다.
5. 형통하게 하신 분이 하나님이심을 믿기 때문이다.

11주차

1. 성자 하나님의 이름들을 통해 성자 하나님이 어떤 분인지 알 수 있기 때문이다.
2. 여호수아이다. 이 이름을 가진 대표적인 인물로는 모세의 수종자 여호수아가 있다.
3. 첫째, 죄의 결과로부터 구원하신다. 둘째, 죄의 영향력으로부터 구원하신다.

12주차

1. 그리스도는 기름 부음을 받은 자라는 뜻으로, 하나님이 임명하신 직분자를 의미한다.
2. 선지자, 제사장, 왕이다.
3. 구약의 그리스도들은 저마다 부족함과 흠이 있었다.
4. 선지자로서 복음을 전해야 하고, 제사장으로서 감사의 삶을 살아야 하며, 왕으로서 사탄과 맞서 싸워야 한다.

13주차

1. 유일하신 아들이라는 뜻이다.
2. 하나님과 본질이 같은 유일한 아들이기 때문이다.
3. 사탄이었다.
4. 예수님은 죗값을 사탄이 아니라 하나님께 지불하셨다.
5. 예수님은 우리를 보호하시고 인도하시는 주인이시다.

14주차

1. 우리처럼 몸으로는 피곤하셨고, 마음으로는 근심하셨다는 것이다.
2. 예수님은 절반은 신이고 절반은 인간인 존재가 아니다. 예수님은 100% 하나님이시고, 100% 사람이시다.
3. 창세기 3:15, 창세기 22:18, 창세기 49:10, 사무엘하 7:12등이다.
4. 완전히 무죄하고 거룩해야 한다. 실제로 예수님은 완전히 무죄하고 거룩하셔서 우리의 중보자가 되셨다.

15주차

1. 생의 마지막 시기다.
2. 예수님은 우리의 죄 때문에 고난을 받으셨다.
3. 사실 하나님의 재판정이다.
4. 사실 예수님은 무죄이지만, 우리 때문에 유죄이시다.
5. 우리가 받을 저주를 대신 받았음을 보여주기 위해서다.

16주차

1. 하나님의 정의가 죄인의 죽음을 요구하기 때문이다.
2. 예수님이 실제로 죽으셨음을 나타내기 위해서다.
3. 신자의 죽음은 영생으로 나아가는 관문이며, 불신자의 죽음은 죄의 대가다.
4. 예수님이 실제로 지옥에 가셨다는 것이 아니라, 지옥의 고통을 당하셨다는 것이다.

17주차

1. 예수님의 부활이 사실이기에, 초대교회 성도들은 목숨까지 걸고 예수님의 부활을 증언했다.
2. 게바, 열두 제자, 오백여 형제, 야고보, 그리고 바울
3. 우리를 의롭다 하시기 위하여 다시 살아나셨다.
4. 우리에게 부활의 소망을 주시기 위해서다.

18주차

1. 승천이라고 한다.
2. 예수님은 신성으로 우리와 늘 함께하신다.
3. 첫째, 하나님 앞에서 우리를 위해 기도하는 것. 둘째, 우리를 하늘로 데려가시는 것. 셋째, 우리에게 성령을 보내셔서 하늘 사람으로 살아가게 하는 것이다.

19주차

1. 예수님이 하나님 우편에 앉아 계신다는 고백이다.
2. 첫째, 거룩한 은사들을 부어주시는 것이다. 둘째, 원수로부터 보호하는 것이다. 재림하시는 날까지 하늘에 계신다.

20주차

1. 첫째, 성령이 하나님이심을 믿는다. 둘째, 성령이 나에게 임하신 것을 믿는다.
2. 첫째, 하나님의 속성을 가지고 계신 것. 둘째, 창조주이신 것. 셋째, 구원자이신 것.

21주차

1. 모든 시대와 장소를 아울러서 하나님께 구원받은 사람들의 총집합이다.
2. 공교회가 존재한다는 것, 우리가 공교회의 일원이라는 것, 공교회가 종말까지 존재한다는 것이다.
3. 세상의 교제는 취미와 교양을 나누는 것이지만, 성도의 교제는 그리스도께 받은 사랑을 나누는 것이다.
4. 예수님의 속죄 때문이다.

22주차

1. 몸과 영혼의 분리가 일어난다. 의인의 영혼은 낙원으로 악인의 영혼은 음부로 간다.
2. 예수님처럼 영광스러운 몸으로 부활한다.
3. 생전의 기억을 가지고 부활한다.
4. 영생을 양적인 개념으로만 생각하는 것이다.
5. 무한한 즐거움을 누리는 삶이다.

23주차

1. 우리가 하나님 앞에서 의로운 자이며, 영생을 상속받을 자임을 확신할 수 있다.
2. 예수님을 믿는 것이다.
3. 예수님 때문에 의롭게 된다. 믿음은 예수님의 의로움을 전가받는 도구이다.

24주차

1. 첫째, 선행으로 의로운 자가 되려면 모든 율법을 하나도 빠짐없이 행해야 하기 때문이다. 둘째, 우리의 선행은 하나님 보시기에 불완전하기 때문이다.
2. 선행은 구원의 결과다.
3. 구원받은 사람 안에 성령이 거하시기 때문이다.
4. 첫째, 참으로 구원받은 사람이 아니다. 둘째, 자라나는 중이다.

25주차

1. 우리의 믿음조차도 성령께서 주신 것이기 때문이다.
2. 복음을 눈으로 보여주기 때문이다.
3. 도장을 찍듯이 복음을 확실하게 깨우쳐 주기 때문이다.
4. 그리스도의 십자가다.
5. 첫째, 말씀은 복음을 귀로 들려주고, 성례는 복음을 눈으로 보여준다. 둘째, 말씀은 믿음을 일으키고, 성례는 믿음을 굳세게 한다.

26주차

1. 세례는 하나님께서 그리스도의 보혈과 성령으로 우리를 죄로부터 깨끗하게 씻어주셨음을 보여준다.
2. 예수님이 십자가에서 흘리신 피로 인해 우리의 모든 죄가 용서받았다는 것이다.
3. 우리 안에 거하시는 성령님으로 인해 우리가 점점 죄를 미워하는 깨끗한 사람으로 변화되어 간다는 것이다.
4. 승천하시기 직전에 제정하셨다.

27주차

1. 없다. 세례는 죄 씻음을 상징하는 표다.
2. 세례에 두 가지 기능이 있기 때문이다. 가르치는 기능과 확신하는 기능이다.
3. 할례다.
4. 유아의 믿음이 아니라, 약속에 근거하여 세례를 준다.

28주차

1. 첫째, 보는 것을 통해서이다. 둘째, 먹는 것을 통해서이다.
2. 믿음으로 예수님의 공로를 받아들이는 것이다.
3. 첫째, 영생이다. 둘째, 영적 연합이다.
4. 마지막 유월절에 성찬을 제정하셨다.

29주차

1. 성찬의 빵과 포도주가 실제 예수님의 살과 피로 변하고, 그것을 먹고 마셔야 구원을 얻는다는 것이다.
2. 첫째, 우리가 예수님과 영적으로 한 몸이라는 것이다. 둘째, 예수님의 죽음이 곧 우리의 죽음이라는 것이다.

30주차

1. 첫째, 예수님이 십자가에서 이루신 공로 때문에 우리의 죄가 단번에, 완전히 해결되었다는 것이다. 둘째, 하늘에 계신 예수님과 땅에 있는 우리가 성령의 능력으로 연합되어 있다는 것이다.
2. 첫째, 자신의 죄를 슬퍼하는 사람. 둘째, 자신의 죄가 용서받았음을 아는 사람. 셋째, 성찬을 통해 은혜받아, 거룩하게 살기를 원하는 사람.

31주차

1. 천국의 열쇠라고 한다.
2. 베드로가 아니라 교회에 주셨다.
3. 복음 선포와 교회의 권징이다.
4. 믿는 자에게는 천국이 열리고 믿지 않는 자에게는 천국이 닫힌다.
5. 권징의 궁극적인 목적은 심판이 아니라 구원이다.

32주차

1. 선행을 구원의 열매로 보는 견해다.
2. 첫째, 하나님께서 우리의 선행을 기뻐하시기 때문이다. 둘째, 구원의 확신을 위해서다. 셋째, 전도하기 위해서다.

33주차

1. 첫째, 죄를 슬퍼하고 미워하는 것이다. 둘째, 죄를 피하는 것이다.
2. 선행의 자격은 그리스도를 믿는 믿음이다.
3. 선행의 방법은 하나님의 말씀이다.
4. 선행의 목적은 하나님의 영광이다.

34주차

1. 넓은 의미의 율법은 하나님의 모든 명령과 가르침이다. 좁은 의미의 율법은 하나님께서 모세를 통해 주신 말씀, 특히 십계명이다.
2. 첫 부분은 하나님 사랑을, 다음 부분은 이웃 사랑을 가르친다.
3. 하나님께서 우리에게 주신 구원이 매우 귀한 것이기 때문이다.
4. 피조물을 하나님보다 더 사랑하거나, 피조물을 하나님과 동등하게 생각하는 것이다.

35주차

1. 1계명은 우상을 금하는 것이고, 2계명은 하나님을 우상처럼 섬기는 것을 금하는 것이다.
2. 하나님의 존재는 인간의 이성을 초월하고, 하나님의 임재는 시간과 공간을 초월하기 때문이다.
3. 그것 자체가 이미 2계명을 어기는 행위이고, 형상으로 하나님을 배운 아이들은 하나님을 피조물처럼 생각할 위험성이 있기 때문이다.
4. 하나님의 말씀으로 가르쳐야 한다.

36주차

1. '샤우'이며, '비어 있는'을 의미한다.
2. 경외하는 마음과 감사하는 마음으로 하나님의 이름을 불러야 한다.
3. 항상 선한 말을 해야 하고, 착한 행동을 해야 하며, 모든 영광을 하나님께 돌려야 한다.
4. 사형에 처해야 한다고 하셨다. 그만큼 심각한 범죄라는 뜻이다.

37주차

1. 첫째, 권위 있는 자가 아래에 있는 자들에게 정당한 것을 요구할 때. 둘째, 하나님의 영광과 이웃의 유익을 위해 약속을 확고히 해야 할 때.
2. 그들은 피조물에 불과하기에 맹세하는 자의 마음을 알 수 없고, 맹세를 깨뜨렸을 때 심판할 수도 없다.
3. 결혼예식과 세례식에서 볼 수 있다.

38주차

1. 구약의 안식일은 창조 기념일이며, 신약의 안식일은 재창조 기념일이다.
2. 예수님이 부활하신 날이기 때문이다.
3. 첫째, 교회에 모이는 것. 둘째, 말씀을 듣고 배우는 것. 셋째, 성례에 참여하는 것. 넷째, 기도하는 것. 다섯째, 가난한 자들에게 자비를 행하는 것이다.
4. 영원한 안식을 미리 체험하는 날이다.

39주차

1. 사람과의 관계에서 부모와의 관계가 가장 중요하다는 사실을 나타낸다.
2. 부모는 하나님이 세우신 가정의 직분자이기 때문이다.
3. 교회와 국가의 직분자도 공경해야 한다.
4. 신앙을 전승하는 것이다.

40주차

1. 형제의 마음에 상처를 주는 일이다.
2. 시기, 증오, 분노, 복수심과 같은 것들이다.
3. 시기, 증오, 분노, 복수심과 같은 것들이 살인의 뿌리가 되기 때문이다.
4. 소극적 순종은 생명을 빼앗지 않는 것이며, 적극적 순종은 생명을 살리는 것이다.
5. 전쟁에서 살인하는 것은 6계명을 어기는 일이 아니다.

41주차

1. 가정의 소중함 때문이다.
2. 첫째, 교회를 세우신다. 둘째, 다음 세대를 창조하신다. 셋째, 하나님의 어린 백성들이
3. 신실한 그리스도인으로 자라게 하신다.
4. 마음의 순결을 더럽히는 것도 간음이라고 하셨다.

42주차

1. 이웃의 재산에 손해를 끼치는 것은, 하나님이 각 사람에게 나누어주신 것을 강탈하는 일이기 때문이다.
2. 무게를 속이거나, 불량품을 팔거나, 위조하거나, 폭리를 취하는 일이다. 이 외에 영상이나 음원의 불법적인 다운로드도 은밀한 도둑질이다.
3. 지금 처지에 만족하지 않는 탐욕의 상태에서 모든 형태의 도둑질이 시작되기 때문이다.
4. 우리의 재물로 어려운 이웃을 대접하고, 우리 곁에 있는 가난한 이웃을 돕는 데까지 나아가야 한다.

43주차

1. 첫째, 거짓 증언하는 말. 둘째, 다른 사람의 말을 왜곡하는 말. 셋째, 비난하거나 모함하는 말. 넷째, 확인되지 않은 사실을 성급하게 믿고 그 사람을 정죄하는 말.
2. 거짓을 말하느냐 사실을 말하느냐 하는 것이 세상과 교회를 구분하는 기준이 되기 때문이다.
3. 이웃의 명예가 훼손된다.

44주차

1. 어떤 대상을 향한 강한 욕망과 욕심을 의미한다.
2. 마음을 지켜야 다른 계명도 지킬 수 있고, 마음을 지키지 못하면 다른 계명도 지킬 수 없다.
3. 첫째, 계명을 지키겠다는 굳은 결심을 가져야 한다. 둘째, 모든 계명을 지키겠다는 마음을 가져야 한다.
4. 첫째, 그리스도를 더욱 의지하게 하려고. 둘째, 하나님의 형상을 닮아가게 하려고.

45주차

1. 첫째, 기도는 하나님께 감사를 표현하는 방법이기 때문이다. 둘째, 하나님께서 기도하는 사람에게 은혜와 성령을 주시기 때문이다.
2. 하나님의 말씀에 합당한 내용을, 겸손한 마음으로, 예수님을 의지하여 기도해야 한다.
3. 주기도문이다.

46주차

1. 머리말과 결론, 그리고 여섯 개의 간구로 구성되어 있다.
2. "하늘에 계신 우리 아버지여"이다.
3. 어린아이가 아버지에게 가지는 신뢰의 마음으로 기도하라는 뜻이다.
4. 첫째, 하나님의 초월성을 생각하면서 기도하라는 뜻이다. 둘째, 하나님의 전능성을 생각하면서 기도하라는 뜻이다.

47주차

1. 삶의 목적을 가르쳐 준다.
2. 하나님의 이름, 하나님의 영광이다.
3. 첫째, 하나님을 바르게 알아야 한다. 둘째, 하나님을 찬양해야 한다. 셋째, 거룩하게 살아야 한다.

48주차

1. 구원받고 회개하는 자들
2. 하나님께서 말씀과 성령으로 백성들을 다스리는 곳
3. 첫째, 하나님의 백성들이 점점 더 하나님께 순종하게 된다. 둘째, 교회가 계속 보존되고 흥왕하게 된다. 셋째, 사탄의 나라가 무너지게 된다.
4. 첫째, 악한 세력을 통해서. 둘째, 말씀에 반대하는 계획을 통해서

49주차

1. 율법과 십계명
2. 병의 결과, 시험의 결과
3. 천사들의 순종
4. 즐거이, 충성스럽게

50주차

1. 우리가 살아가는 데 필요한 모든 것을 의미한다.
2. 첫째, 하나님은 우리 욕망의 크기를 아시기 때문이다. 둘째, 필요 이상의 소유는 우리에게 해롭기 때문이다.
3. 교회는 하나님을 아버지로 하는 한 가족이기 때문이다.

51주차

1. 은혜받은 사람만 죄 용서를 구할 수 있다.
2. 다른 사람을 용서하는 마음이다.
3. 죄를 감추거나, 변명하거나, 잊어버리려고 한다.
4. 그리스도를 의지한다.

52주차

1. 죄 죽임을 위한 기도다.
2. 기도하지 않았기 때문이다.
3. 하나님께서 모든 나라를 통치하신다는 뜻이다.
4. 우리에게 모든 좋을 것을 줄 수 있는 능력이 하나님께 있다는 뜻이다.
5. 하나님은 영광받기에 합당하신 분이라는 뜻이다.
6. 참되고 확실하다는 뜻이다.